JN035286

分類法キイノート
第3版補訂

宮沢厚雄

樹村房

目　次　〔第3版補訂〕

1 **はじめに** ———————————————————————— 03
分類記号の位置付け

2 **主題分析（1）** ——————————————————— 10
分類記号付与の基本手順／演習問題

3 **主題分析（2）** ——————————————————— 15
本表(細目表)と階層構造／演習問題

4 **主題分析（3）** ——————————————————— 24
主題の特定と相関索引／演習問題

5 **補助表（1）** ———————————————————— 32
形式区分／演習問題

6 **補助表（2）** ———————————————————— 40
地理区分・海洋区分／演習問題

7 **補助表（3）** ———————————————————— 46
言語区分・言語共通区分／演習問題

8 **補助表（4）** ———————————————————— 53
文学共通区分・地域的論述の細区分・その他の固有補助表／演習問題

9 **補助表に関する総合演習問題** ——————— 64
演習問題

10 **分類規程（1）** ——————————————————— 67
複数主題(対等と相互作用)／演習問題

11 **分類規程（2）** ——————————————————— 73
複数主題(重点処置)と原著作・関連著作／演習問題

12 **分類規程（3）** ——————————————————— 84
伝記／演習問題

13 **分類規程に関する総合演習問題** ————— 92
演習問題

14 **分類法に関する総合演習問題** —————— 95
演習問題

15 **請求記号** ————————————————————— 99
所蔵事項としての分類記号／演習問題

＊この「第3版補訂」は，第2章での例題をひとつ増設し，より難なく分類法の世界へと入っていけるように努めました。
　他の箇所でも説明の言葉足らずを補い，分かりやすい表現に改めて内容の充実をはかっています。

はじめに
分類記号の位置付け

 分類記号の位置付け

図書館目録は，次の五つのパートから構成されています。

　　　　①書誌事項の記述
　　　　②主題に関する事項の付与
　　　　③見出し項目の選出
　　　　④見出し項目の編成
　　　　⑤所蔵事項の付与

以下，それぞれの概略を述べます。

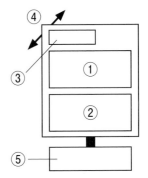

【1】書誌事項は，資料に表示されているデータのことです。タイトルや著者名，出版社名や出版年など数多くのものがあります。これらの書誌事項を資料の表示のなかから選択し，決められた順序にしたがって，区切り記号を付与しながら，図書館目録として転記していく作業が，「書誌事項の記述」です。略して，「書誌記述」とも呼びます。その方法論が「記述目録法」です。

【2】**主題**（subject）とは，資料のもつ中心的なテーマのことです。資料が「何々について」しるされていると集約できるのならば，その「何々」の部分に相当します。いわば，著者がもっとも訴えたい案件です。「主題に関する事項の付与」は，この主題を表現しているデータを付与する作業であり，その方法論が「主題目録法」です。

　主題目録法の手順は，次のとおりです。資料に対峙して主題を明らかにし（主題分析），分析結果をまずキーワードに表現したうえで，そのキーワードを統制語彙表と呼ぶ辞書相当のツールを使って主題に関する事項に置き換えるのです。図書館目録では，主題を言葉で表現したものが件名であり，記号で表現すれば**分類記号**です。前者の方法論が（統制語彙表として）件名標目表を使った「件名法」，後者は（統制語彙表として）分類表を使う「分類法」です。主題目録法は，件名法と分類法から成ります。

　主題目録法の意義は，資料探索のさいに，書誌事項だけを手掛かりにすると検索漏れを起こしてしまう資料を，検索ノイズは拾わずに探し出すことができる点にあります。

【3】「見出し項目の選出」は，書誌事項と主題に関する事項のなかから見出し項目を選び出し，カタカナ表記でヨミを加え，分かち書きを施す作業です。見出し項目は図書館目録を探索するさいに利用者が最初に手掛かりとする項目で，カード目録では標目，コンピュータ目録ではアクセス＝ポイントと呼びます。

【4】「見出し項目の編成」は，選び出した見出し項目をヨミの音順に配列していく作業です。一件ずつの目録を配列し編成することで，図書館目録の全体が形づくられます。

【5】「所蔵事項の付与」は，所蔵館名，請求記号（**分類記号**＋図書記号＋補助記号＋別置記号），登録番号，受入年月日といった，所蔵・所在の事実を示すデータを付与する作業です。所蔵事項付与の方法論は，各図書館の慣習によりローカルに設定されています。

　ここで注意すべきは，分類記号が主題に関する事項であるとともに，所蔵事項の一つである請求記号もまた構成していることです。分類記号は，主題を表すと同時に，資料の所在場所をも提示しており，二つの働きを兼ね備えています。

【6】　さて，本書は分類法の初歩を学ぶための解説と演習の冊子です。分類記号を付与するさいの統制語彙表には『日本十進分類法』新訂10版を用いています。大学などでの「図書館に関する科目」の授業で用いられることを前提に，各章はひとコマ90分を想定して組み立てられ，本文の全章は半期15回を目途に構成されています。第1章「はじめに」の後，主題に関する事項としての分類記号を，主題分析，補助表，分類規程の順に解説しており，最終の第15章で所蔵事項としての側面にも触れています。

[注記] 主題を言葉で表現したものに，もう一つ，ディスクリプタがあります。ディスクリプタは，シソーラスと呼ぶ統制語彙表を使ってキーワードから置き換えられます。

　主題分析の結果のキーワードが，統制語彙表で置き換えられることなく，そのまま資料探索や情報検索で用いられることがあります。これをとくに自然語と呼びますが，その場合には統制語彙表を使って置き換えを行なった件名やディスクリプタは，統制語と呼ばれて区別されます。分類記号は「言葉」ではないので，狭義では統制語に含めません。

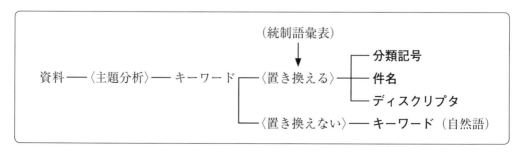

主要な図書館分類法

【1】デューイ十進分類法（Dewey Decimal Classification, ＤＤＣ）

メルヴィル＝デューイ（1851－1931）が，シャートリフ（1810－1874）の分類法などを援用して考案し，1876年春に初版。同年秋の図書館員大会で発表。十進のアラビア数字のみの記号法で構成された，階層構造をもつ分類法で，書架分類（書架上に資料を配置するのが目的の分類法）を主眼とする，列挙型（すべての主題に対応した分類項目をあらかじめ用意しておく分類法）。世界中にもっとも普及しており，現在はＯＣＬＣが管理。

【2】国際十進分類法（Universal Decimal Classification, ＵＤＣ）

ベルギー人のオトレ（1868－1944）とラ＝フォンテーヌ（1854－1943）の二人が，ドキュメンテーション運動（主題を重視した書誌づくりの運動で，世界書誌を構想）のさなかに考案。初版は1905年。ＤＤＣ第5版をベースに，分析合成型（下記【4】項参照）の手法を取り入れた分類法。書誌分類（主題を詳細に表現することが目的の分類法）を目指し，アラビア数字のみの記号法だが，連結記号を多用。現在はＵＤＣコンソーシアムが管理。

【3】米国議会図書館分類表（Library Congress Classification, ＬＣＣ）

アメリカ議会図書館で，自館の蔵書を配架するために作成された分類表。1898年から採用開始。ローマ字とアラビア数字とを組み合わせた記号法で，アラビア数字のみに比べて表現力が豊富。書架分類を目的とした列挙型だが，米国議会図書館の所蔵資料を根拠に分類記号を採択。ＤＤＣ第5版を参考にするも，カッター（1837－1903）が考案した展開分類法（Expansive Classification, ＥＣ）の理論体系を援用。

【4】コロン分類法（Colon Classification, ＣＣ）

インドの図書館学者・ランガナタン（1892－1972）が考案した，分析合成型の分類法。1933年初版。書誌分類を目指し，ローマ字やアラビア数字を組み合わせた記号法に，連結記号を多用。初版のときに唯一使用していた連結記号がコロン記号で，それが名称の由来。現在は，インドのドキュメンテーション研究・研修センターが管理。

　分析合成型の分類法は，主題をいくつかの観点で切り分け（「分析」），それぞれの観点に分類記号を割り当てたのち，それらを再度組み合わせて（「合成」），分類記号を完成させる。この観点のことを，コロン分類法では「ファセット（facet）」と呼称。コロン分類法は，主題を分析し，5つのファセットをもった「多面体」として把握する。その5つをランガナタンはＰＭＥＳＴ（Personality, Matter, Energy, Space, Time）と称したが，要するに「誰が」「何を」「どうした」「どこで」「いつ」ということ。

1.2. 分類の原理

分類（taxonomy）とは，対象がもつ特徴的な性質（特性）をもとに，体系化することです。その方法論は，大別して，「分ける」原理と「まとめる」原理があります。

【1】「分ける」原理

「分ける」原理とは，対象がもつ，他とは異なる特性を取り上げながら，多種多様な対象を選り分けていくことです。差異に嘱目し，できるだけ細かく区分けを施していって，対象全体を体系化します。日本十進分類法は，この「分ける」原理に基づきます。

【1a】「分ける」原理にしたがった，もっともシンプルな分類法が，ある特性の有無で対象を二つに区分するだけの二分法（dichotomy）です。一つの特性Aに着眼し，この特性Aがあるのか無いのか，つまり「A」か「非A」かによって対象を両様に選り分けます。

　目の前の植物は，食べられるのか食べられないのか。向かってくる相手は，敵か敵でないのか。狩猟採集の時代から，人類は森羅万象を理解する手立てとして二分法を用いてきました。生死を分かつような素早い判断を，最小限の情報から下さねばならないときに必要不可欠だったのです。「分ける」ことは「分かる」ことにつながっており，二分法という分類の始まりは，複雑な世界を掌握し，生き延びていくための第一歩でした。

【1b】二分法から出発して，対象を二つ以上に分け，分けたものをさらに別な特性にしたがって細分化していけば，体系化された分類表（classified table）が形づくられます。

　下記の図は，スポーツを対象とした分類表の一例です。

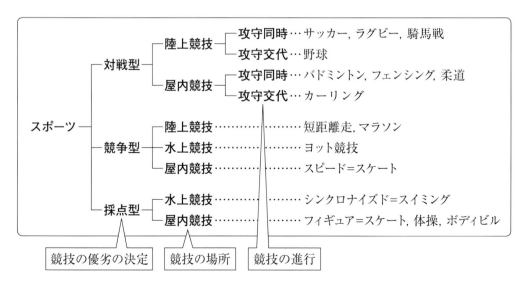

【1c】分類表には，被区分体・区分原理・区分肢という，三つの要素があります。

被区分体は，分類される対象です。前ページの例では，「サッカー」「野球」「バドミントン」「カーリング」などが被区分体です。

区分原理は，分類するうえでの目の付けどころであり，対象の特性を把握するときの理論的根拠です。区分原理は，抽象的なものから具体性を帯びたものへと，順を追って飛躍せずに設定されます。前ページの例では，「競技の優劣の決定」「競技の場所」「競技の進行」が相当しますが，区分原理は分類表を構築する当事者のアタマのなかに存在するものであって，分類表のオモテには出てきません。

区分肢は，特性を表現している分類項目です。前ページの例では，「対戦型」「競争型」「採点型」などが相当します。このとき，区分肢はまず，相互に排他的でなければなりません。一つの被区分体が二つ以上の区分肢に属してしまうような事態は回避します。要は，ダブリがあってはならないのです。もう一つは，区分肢の総和が，被区分体の全体を網羅していなければならないことです。いずれの区分肢にも属さない被区分体が生まれてしまうのを避けなくてはなりません。モレがあってはならないのです。そのために，しばしば「その他」「雑物」といった区分肢が立てられます。

区分原理を洗い出して適用する優先順位を決め，区分原理から導かれる複数の区分肢を順に設定し，被区分体をその区分肢に当てはめることで，分類表は構築されます。

［注記］18世紀，スウェーデンの博物学者・リンネ（1707−1778）は，生物分類法に大きく貢献しました。その功績は，三つ挙げることができます。

第一は，まったく新しい区分原理を提案したことです。それは，雄しべ・雌しべの数と配置，つまり植物のもつ生殖器官の構造でした。ドイツの植物画家・エーレット（1708−1770）がリンネに認められ，この区分原理を独自に描画しています。

第二は，厳密で整然とした階層構造を与えたことです。最上位に界（Kingdom）を置き，以下，門（Phylum/Division）・綱（Class）・目（Order）・科（Family）・属（Genus）・種（Species）というように体系づけました。

第三は，学名（scientific term）を確立させたことです。生物の名前を，属と種の二語の組み合わせで示すこと，ラテン語表記とすること，一つの種には一つの名称が正式に対応することという，学術的な名称の標準化を行なったのです。

```
          例：ヒト
界        動物界
門          脊椎動物門
綱            哺乳綱
目              サル目
科              ヒト科
属              Homo
種                sapiens
- - - - - - - - - - - - - - - - - - -
          例：ローズマリー
界        植物界
門          被子植物門
綱            双子葉植物綱
目              シソ目
科              シソ科
属              Rosemarinus
種                officinalis
```

【2】「まとめる」原理

「まとめる」原理は，対象の特性に正対し，似通ったもの同士を次第に大きくまとめます。差異に着目した「分ける」原理に対し，類似に照準したのが「まとめる」原理です。

【2 a】「まとめる」原理にしたがった分類法に，クラスター分析（cluster analysis）があります。個々の対象のあいだの類似性を数量化し，その類似の程度にしたがって，クラスター（cluster，果実の房とか動物の群れといった意）と呼ばれるグループに順次まとめていくものです。クラスター分析を，右に示した図書のタイトルを対象に試みます。

> a　図書館の情報ネットワーク
> b　情報サービスの実践的理論
> c　図書館サービス
> d　実践的なネットワーク理論
> e　図書館ネットワークと情報サービス

【2 b】まず，対象の特性を明確にしたうえで，その特性を要素としてもっていれば「1」，もっていなければ「0」で表現します。上記の例では，タイトル中にもつキーワードを特性として設定します。キーワードは6つ設定できますが，たとえば，図書「a」は，その特性の有無によって「010011」という数式で表現できることになります。

特性	理論	図書館	実践的	サービス	情報	ネットワーク
図書a	0	1	0	0	1	1
b	1	0	1	1	1	0
c	0	1	0	1	0	0
d	1	0	1	0	0	1
e	0	1	0	1	1	1

次に，それぞれの事物のあいだで類似性の度合いを測ります。ここでは6つの特性のうち，いくつが一致しているかを計算するのです。たとえば，図書「a」と図書「b」は「情報」という特性が一致しているだけなので，類似度は「1／6」とします。

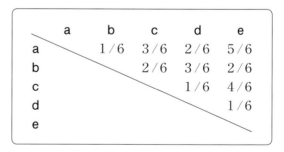

	a	b	c	d	e
a		1/6	3/6	2/6	5/6
b			2/6	3/6	2/6
c				1/6	4/6
d					1/6
e					

　そのうえで，対象相互の類似度を比較し，もっとも類似度の高い2つを結合してクラスターにまとめます。この事例では，類似度が「5／6」ともっとも高い「a」と「e」がまず統合されます。次は類似度が「4／6」の「e」と「c」が統合されるのですが，「e」はすでに「a」とクラスターになっているので，「a」「e」組が「c」と統合されてクラスターとなります。こうして，最終的には全体を一つのクラスターにまとめます。

【2c】クラスター分析の結果は，系統図（dendrogram）と呼ばれる，下記のような図で示されます。系統図は，いわばボトムアップで体系化された分類表です。

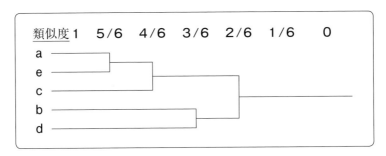

［注記］生物分類法は，生物多様性を掌握するための体系化です。進化論が唱道されて以降は，生物種の系統的な発生過程を再現するという目的も加わって（「分ける」原理にしたがった）系統樹（phylogenetic tree）が，19世紀来，作成されてきました。系統樹は，樹木のかたちになぞらえ，根元から枝のほうへと進化の道筋を表現している分類表です。

20世紀半ば，生物分類法に対して，新たな考え方が提起されます。

一つは，表形分類（phenetics）です。単一の特性だけに着眼するのではなく，できるだけ多くの（表現された）特性を取り出して類似性を比較し，「まとめる」原理によって体系化を試みるというものです。特性は数値コード化され，コンピュータに入力されて，類似性が計算されました。進化系統の過程は必ずしも考慮していません。

このとき，表形分類に立脚しながらも，進化系統を重視するのが進化分類（系統分類，phylogenetics）の考え方です。注目する特性は，生物の形態や習性を始め，他の研究分野の新たな知見が次々と反映されました。解剖学からは器官の構造が，発生学からは卵割様式や胚葉が，細胞学からは染色体が，いずれも進化分類（系統分類）の体系化に援用され，そのたびに（「まとめる」原理の）系統樹は見直されました。

20世紀半ばに唱えられた，もう一つの考え方は，分岐分類（cladistics）です。進化系統に伴う分岐のプロセスに照準し，これを正確に表現して体系化しようというものです。進化分類（系統分類）と違うのは，「分ける」原理を採用していることです。複数の特性を抽出してコンピュータ処理し，差異化のパターンを見出して分岐図（cladogram）を作ります。分岐図とは，進化に伴う分岐を示した，やはりツリー状の分類表です。

20世紀半ばにはまた，タンパク質のアミノ酸配列の違いが過去の進化を反映しているとの分子進化の理論が研究され，遺伝生化学・生物物理学・分子遺伝学などが合流して，生命現象を分子のレベルで解明せんとする分子生物学が確立。タンパク質とＤＮＡ（デオキシリボ核酸）との関係や，ＤＮＡの塩基配列など，分子レベルでの遺伝子型の比較に基づいて進化の過程を推定することが行なわれるようになりました。分子生物学の発展につれて分岐分類の研究も進み（「分ける」原理での）分岐図が作成されています。

■

2 主題分析（1）

分類記号付与の基本手順

2.1. 『日本十進分類法』

【1】『日本十進分類法』の歴史

森清（もり・きよし名義で著作活動）は，1929（昭和４）年に『日本十進分類法』（Nippon Decimal Classification，ＮＤＣ）の第１版350部を間宮商店から発行します。間宮商店は丸善で働いていた間宮不二雄が創設した，図書館専門の用具を販売する会社でした。森はそこの社員で，業務用の参考図書コレクションの整理を担当していた折に，新たな分類法の作成を試みたものです。デューイ十進分類法（ＤＤＣ）に範をとり，第一次区分の主題配列には展開分類法（ＥＣ）を参照して，ＮＤＣをとりまとめたのでした。

森　清（1906−1990）
『知識の組織化と圖書館』
（1983年）より，写真引用

　森清の個人編纂によるＮＤＣは，1942（昭和17）年の訂正増補第５版までが間宮商店から刊行されていましたが，1948（昭和23）年の国立国会図書館発足時に，当時の連合国軍最高司令官総司令本部（ＧＨＱ）特別顧問として来日したダウンズ（Robert B. Downs）の勧告を受けて，同館が和書にＮＤＣ，洋書にＤＤＣを採択したことで，ＮＤＣの存在が全国に知れ渡るものとなります。同年に日本図書館協会へ編集の権限が移行し，1950（昭和25）年には「新訂」の文字を冠して新訂６版が刊行。以後，ＮＤＣの維持管理は日本図書館協会の分類委員会が当たっています。

　2015（平成27）年１月に新訂10版が刊行され，構成は新訂９版と同じ２分冊ながら，判型は旧版のＡ５判からＢ５判へと，より大判で重厚になりました。

　なお，国立国会図書館は1968（昭和43）年以降，和書・洋書とも，同館独自の国立国会図書館分類表（ＮＤＬＣ）を資料の配架に使っています。

［注記］「日本十進分類法」の読み方は注意が必要です。まず「日本」は，ローマ字表記では「Nippon」ですが，ここでは「にほん」と発音します。次に「十進」ですが，「じゅっしん」ではなく，「じっしん」です。「十階（じっかい）」「十種（じっしゅ）」「十体（じったい）」「十分（じっぷん）」などと同様に，「十進」の「十」は「じっ」と詰まって発音します。十は「じっ」と「じゅう」の両様の音を持ち，後ろが，か行・さ行・た行・ぱ行な

どの場合は「じっ」，「二十」のようにあとに何もつかないときや「十円」「十人」「十両」「十年」などでは「じゅう」と発音します。漢字の十に「じゅっ」という音はそもそも無く，この発音の仕方は東京方言が発祥で，その影響を受けて広まったものです。

【2】『日本十進分類法』の特徴

『日本十進分類法』の特徴は，次の四つにまとめることができます。

①アラビア数字のみの記号法

②10区分を繰り返す階層構造

③書架上に資料を配置するのが目的の書架分類法

④すべての主題に対応した分類項目をあらかじめ用意しておく列挙型分類法

階層構造では，区分の各レベルに和名が付いています。第一次区分を**類**（るい）と呼び，その一覧表が類目表（るいもくひょう），第二次区分は**綱**（こう）で一覧表は綱目表（こうもくひょう），第三次区分は**目**（もく）で一覧表は要目表（ようもくひょう），第四次区分以下は一括して**細目**（さいもく）といい，その一覧表が細目表（さいもくひょう）です。つまり細目表が『日本十進分類法』の「本表」に相当します。

　分類記号の数字の読み方は，すべて小数読みです。兆・億・万・千・十などの桁数を入れて読む桁数読みではありません。たとえば「９１３．６」は，「きゅういちさんてんろく」と読みます。数字の「０」の読み方は，日本語では「零（れい）」です。

2.2. 分類記号付与の基本手順（１）

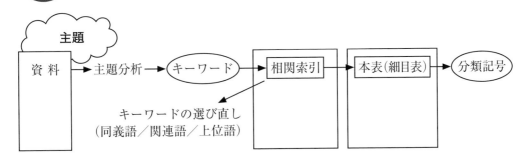

分類記号を付与する基本手順は，二つに大別できます。まず，通常の手順を説明します。

　資料から読み取る主題は，頭の中におおまかな考えとして描き出されます。この基本的な認識の枠組みを「概念」と呼ぶこととします。概念の状態にある主題を，熟慮し分析して，結果を一つのキーワードに集約させます。そのキーワードでもって相関索引を引き，分類記号を見出すのです。ただし，<u>相関索引で引き当てた分類記号は，必ず本表（細目表）の当該箇所で確認することが必要です</u>。

例　『秩父事件を歩く』埼玉新聞社出版部著

　　　　秩父事件は，明治17年に埼玉県秩父郡で貧困救済を訴えた，農民の蜂起事件。

＊分類記号を付与する実際の作業では，資料の現物そのものを目の前にして，まずタイトルに着目し，カバー＝ジャケットや帯紙を眺め，ページを開いて前書きや目次を吟味し，場合によっては本文を拾い読みするなどして，主題を分析します。

　しかしながら，本書は紙の上での演習という制約上，資料じたいを配するわけにはいきません。そこで，タイトルと簡単な説明文とで主題分析を敢行します。便宜的な措置ですが，キーワードはタイトルに盛り込まれている可能性が高いとの判断ゆえです。説明文もよく読んで本のイメージを膨らませましょう。たとえば，掲題の設問での想定されるキーワードは，タイトル中にある「秩父事件」の語句だと考えることができます。

　　例　『花粉症：傾向と対策』東京都 環境局 総務部 企画調整課編

　　　　花粉症は，植物の花粉が鼻や目の粘膜に接触することによるアレルギー疾患。

＊想定されるキーワードは「花粉症」です。相関索引に当たると，立項されています。

　ここで注意すべきは，相関索引にある「花粉症」という言葉が，本表（細目表）の分類項目には存在しないという点です。というのも，分類記号は主題という概念に付与するものであって，キーワードという言葉に一対一で対応しているわけではないからです。

　分類記号は，キーワード（言葉）に集約される以前の，主題（概念）に対して割り振られる以上，本表（細目表）での分類項目は，必ずしもすべてのキーワード（言葉）を網羅しているものではありません。

　　例　『手のひらの不思議なライン：掌筋紋様学への招待』松田薫風斎著

　　　　運勢を示す掌の手筋。その形相パターンを分析する「掌筋紋様学」の真髄。

＊当初に想定されるキーワードは「掌筋紋様学」ですが，この語句は相関索引にまったくもって見当たりません。そこで改めて，タイトルや補足説明の文章を吟味すると「手相」というキーワードが浮かんできます。

　このように，タイトルに表示されている言葉が，いつでもキーワードにそのまま横すべりするとは限りません。主題の概念を再考して，当初の語句の同義語を選び直したり，関連語を案出したり，場合によっては上位語を指定することもありえます。

　　例　『三越伊勢丹』大西洋著

　　　　三越伊勢丹ホールディングスの経営トップが語る，21世紀のデパート戦略。

＊主題分析の結果，想定されるキーワードは「デパート」や「百貨店」です。両者はともに「大規模な小売店舗」という概念を指し示しているところから，相関索引では「デパート」を引いても「百貨店」を引いても，同一の分類記号を引き当てることができます。

　ただし，本表（細目表）を開いてみると，相関索引で引き当てた分類記号の下位に，この資料の主題（概念）にふさわしい，より特定性の高い項目が見出せます。本件は，より特定性の高い下位の分類記号を採択する必要性が生じています。

2.3. 分類記号付与の基本手順（2）

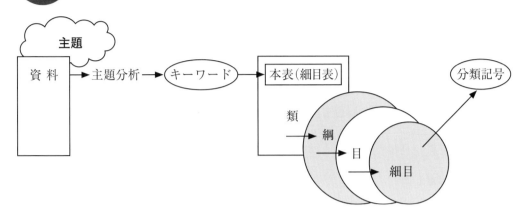

もう一つの手順は，キーワードが相関索引にどうしても項目として見当たらない場合や，新しく登場した主題のように項目じたいが存在しえない場合に採択します。その手順は，キーワードをたずさえて本表（細目表）の階層構造を上位から順次たどっていき，該当すると判断できる分類記号を見出すというものです。階層構造の中途からたどることも可能ですが，主題（概念）の上下の関係性をよく見極めて参入しなければなりません。

例　『楽しいダーツ』日本ダーツ協会編

　　　　射的の基本動作から始めて高得点を競う技能と戦略に至るまで，ダーツのすべて。

＊想定されるキーワードは「ダーツ」ですが，相関索引には見当たりません（相関索引の配列は長音符号を無視しています）。そこで，本表（細目表）を「7芸術」から「79娯楽」へとたどります。「797射幸ゲーム」か「798その他の室内娯楽」かで迷いますが，「射幸ゲーム」にはギャンブル性の高いものが集まっており，ダーツはむしろスポーツ競技の側面が強いことを勘案して分類記号を判断します。本件のように，下位の項目には下りずに，上位のカテゴリのところで止めおくということもありえるのです。

例　『タックス＝ヘイブン：国際的な租税回避への対抗策』有限責任あずさ監査法人編

　　　　タックス＝ヘイブン（tax haven）は，外国企業に対して非課税かごく低率の課税しかしない国や地域。多国籍企業などが税金逃れをはかることに利用。

＊想定されるキーワードは「タックス＝ヘイブン」ですが，相関索引には見当たりません。そこで，本表（細目表）を，「3社会科学」→「34財政」→「345租税」とたどります。あるいは，もう一つ想定されるキーワードとして「租税回避」を抽出し，この「租税回避」じたいはやはり相関索引に見当たらないものの，上位語の「租税」をキーワードに階層構造の途中から「345租税」に入ることも可能です。本件は，行政側が税金逃れをいかに防ぐかという政策的な内容だと推察して，「345租税」以下で分類記号を判断します。

② 演習問題 主題分析（1） 分類記号付与の基本手順

問い1 分類記号を与えよ。

① 『あくびの科学』メヂカルフレンド社 編集部編

眠いときや退屈なときなどに不随的に起こる呼吸運動を科学する。

② 『脱脂大豆の栄養価』厚生労働省 医薬食品局 食品安全部 基準審査課編

脱脂大豆は，大豆から油脂分を抜き取った残りをいう。タンパク質に富み，飼料のほか，味噌や醤油の原料，プロテイン＝パウダーや育児粉乳など加工食品にも用いる。

③ 『万葉秀歌評釈』山本健吉著

万葉集のなかから約四百の秀歌を選び，ゆきとどいた注釈を付す鑑賞の手引き。

④ 『カリグラフィー 本格入門独習ブック』日本ヴォーグ社 編集部編

カリグラフィーは，文字を美しく見せる技法。装飾的なデザインが専用のペン先からスラスラと。基本3書体（イタリック体・ゴシック体・カッパープレート体）の独習書。

⑤ 『4Hクラブ』農事研究会 長野県支部編

4H（よんエイチ）クラブは，20世紀初頭に米国で発祥した，よりよい農村をつくるための農民啓蒙組織。名称は，Hands・Head・Heart・Healthという4つの言葉の頭文字。

問い2 正しい記述をすべて選び，冒頭の数字を○印で囲め。

1　件名はその資料をしるした著者が付与し，分類記号のほうはその資料を受け入れた図書館員が付与する。

2　件名は目録作成のさいにまったく付与しなくてもかまわないが，分類記号は所蔵事項として必ず一つを付与しなければならない。

3　件名は目録での見出し項目として立てられるが，分類記号のほうは目録での見出し項目とはなりえない。

4　件名の文字数は件名標目表で一定の制限が加えられているが，分類記号の桁数には分類表での特段の制限はない。

5　件名は調べたいことをピンポイントで探索できるが，分類記号は大きな概念から始めてカテゴリを順に絞り込みながら探索できる。

■

3 主題分析（2）

本表（細目表）と階層構造

3.1. 階層構造の展開

本表（細目表）の階層構造は，下記のように構築されています。ここでは，「文学」のなかの「日本文学」，その「日本文学」のなかの「詩歌」というように，上位の概念から下位の概念へと，入れ子状の階層構造が展開しています。分類項目の範囲がだんだんと絞り込まれ，それにともなって分類記号の桁数のほうは一つずつ増えていくのです。第一次区分（類）はアラビア数字1桁で10区分，第二次区分（綱）は2桁で，類のそれぞれをさらに10区分して作られ，全体は100区分（10区分×10），第三次区分（目）は3桁で，全体が1000区分（100区分×10），第四次区分以下はまとめて細目と呼び，桁数は4桁以上です。

9	文学
9 1	日本文学
9 1 1	詩歌
9 1 1 1	和歌
9 1 1 1 2	万葉集
9 1 1 1 2 4	万葉集の評釈

このような階層構造の展開が，実際の本表（細目表）では次のように表現されています。

9 0 0	**文学**
9 1 0	**日本文学**
9 1 1	**詩歌**
. 1	和歌. 短歌
. 1 2	万葉集
. 1 2 4	評釈. 注釈. 語釈

ここで注意すべきは，第一に，分類記号の3桁と4桁のあいだに「点」が打たれていることです。この「点」は，視認性を高めるための便宜的なものに過ぎません。これを「小数点」とか「ピリオド」などと呼んでしまうと，特定の意味を呼び寄せて誤解を招きます。

第二に，第一次区分（類）と第二次区分（綱）には桁合わせの０（零）が付されて３桁になっています。１桁と２桁のままでは，本表（細目表）の一覧のなかに収めたときに，すわりが悪いが故です。これも見やすくするための方便と言えます（３桁となった記号は，本表でも，第一次区分の「全般」，第二次区分の「全般」をそれぞれ表しています）。

　第三に，第四次区分以下（細目）の冒頭３桁が，省略されています。また，分類項目でも言葉が適宜省略され簡潔な表現となっています。いずれも，同じ記号や言葉が何度も繰り返される冗長さを回避する措置ですが，分類記号を付与するさいには，分類記号・分類項目とも，そのつど上位を参照しながら省略部分を補って読み取らねばなりません。

3.2. 階層構造の調整

階層構造を整然としたものとして確保するために，分類体系にはさまざまなかたちで手が加えられ調整が施されています。

【1】 綱目表において，10区分未満と10区分超過に対する調整
綱目表において，分類項目が10区分に満たない場合に，一つには，本来は独立すべき項目を同じレベルに同居させて調整しています。たとえば「１０哲学」に本来は独立すべき「１６宗教」が並んでいるように，です。もう一つは，本来は下位にあるべき項目を引き上げて同じレベルに置いています。たとえば「４６生物学」と同列に，本来は下位の「４７植物学」と「４８動物学」とが並んでいるように，です。

　10区分を超えてしまう場合は，「その他」項目を設けて調整しています。「８０言語」での「８９その他の諸言語」，「９０文学」で「９９その他の諸言語文学」のように，です。

【2】 要目表での，空き項目設定による調整
要目表では，分類項目が10区分に満たない場合に，空き項目を設定して調整しています。

【3】 本表（細目表）で「中間の見出し項目」を設けての調整

```
　４８０　　動物学
　４８１　　一般動物学
　４８２　　動物地理. 動物誌
　＜４８３／４８９　　各種の動物＞
　＜４８３／４８６　　無脊椎動物＞
　４８３　　無脊椎動物
```

```
484    軟体動物. 貝類学
485    節足動物
486    昆虫類
＜487／489    脊椎動物＞
487    脊椎動物
488    鳥類
489    哺乳類
```

本表（細目表）の「４８０動物学」の箇所で，第三次区分（目）のみを抜き出して上記に
示しました。ここは，本来は次のような分類体系なのですが，そのままでは階層構造が深
くなりすぎ，分類記号の桁数も増える一方です。

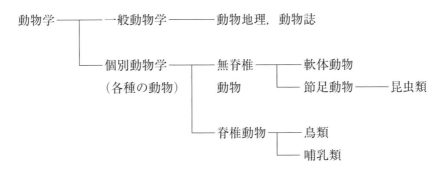

このため，本来は下位にあるべき項目をひとまとめにして上位のレベルに引き上げていま
す。その場合に，山形記号でくくられた「中間の見出し項目」を設けて，下位分野のどこ
からどこまでが取りまとめられて上位に持ち上がっているのかを示しているのです。分類
記号の範囲指定（どこどこから，どこどこまで）には，斜線記号が用いられています。

【4】本表（細目表）において，同格概念の桁数増と下位概念の桁数減による調整

```
012        図書館建築. 図書館設備
 .1        建築計画：基礎調査，位置，敷地
 .2        建築材料および構造
 .28       改修・改築工事
 .29       維持管理. 保護. 防火. 防水
 .3        建築設計・製図
 .4          書庫. 書架
 .5          利用者用諸室：閲覧室，児童室，目録室
```

本表（細目表）においては，本来は同格であるはずの項目が下位に引き下げられているケースがあります。前ページの例では，「建築計画」「建築材料および構造」「改修・改築工事」「維持管理」「建築設計・製図」は同じレベルの概念なのですが，「改修・改築工事」と「維持管理」は下位に引き下げられています。これら5項目はいずれも同格なので，分類項目は行頭を揃えて表示されていますが，なかの2項目は分類記号の桁数が点以下2桁に増えており，分類体系のうえでは下位に設定されていることが分かります。

　本表（細目表）ではまた，本来は下位概念であるべき項目が上位に引き上げられているケースもあります。前ページの例では，「建築設計・製図」の下位概念として「書庫．書架」と「利用者用諸室」があるのですが，この両者は「建築設計・製図」と同じレベルに引き上げられています。下位概念なので，分類項目は行頭が1字下げで表示されているものの，分類記号の桁数は点以下が1桁となっていて「建築設計・製図」の桁数と同じなので，分類体系のうえでは上位に設定されていることが分かります。

3.3. 本表(細目表)の見方

本表(細目表)には多様な記号が使われています。それぞれの意味するところを説明します。

【1】　新訂10版で新設　（**肩付きプラス記号**）
【2】　新訂10版で削除　（**丸カッコ記号**）

　017　　　学校図書館
　　　　（.6　短期大学図書館　→017.8）
　　　　.7　大学図書館．学術図書館
　　　　.8^{+}　短期大学図書館．高等専門学校図書館

分類記号で，新訂10版で新設されたものには，数字の右上に小さなプラス記号が付いています。この肩付きのプラス記号は告知の役割なので，背表紙のラベルに印字したりする必要はありません。上記の例では「017.8」が新設された分類記号で，「短期大学図書館」や「高等専門学校図書館」に割り振られています。

　また，新訂10版で削除された分類記号は，丸カッコ記号でくくられて示されています。削除主題は，矢印記号での指示があればその分類記号に，とくに指示がなければ一つ上位のクラスに分類します。上記の例では「017.6」が今回で削除の分類記号です。当該分類記号に割り振られていた「短期大学図書館」は，矢印記号での指示にしたがって「017.8」へと移行しています。

【3】 分類項目の同義語（**角カッコ記号**）

【4】 分類項目の下位概念（**コロン記号**）

> 　　　　１４１.９３　　人格［パーソナリティ］. 性格：性格学, 性格検査
>
> 　　　　　　　　　　＊相性→１４８；個性→１４１.９

分類項目の同義語は，角カッコ記号でくくられています。上記の例では，「パーソナリティ」という言葉が角カッコ記号でくくられており，その直前の「人格」と同義語であることが分かります。複数の分類項目は，ピリオド記号で区切られています。

　分類項目の下位概念は，コロン記号で示されています。上記の例では，「性格」の下位概念として，たとえば「性格学」や「性格検査」があることを告げています。下位概念はコンマ記号で区切られ，その分類項目の概念を理解しやすくする目的で例示されています。

【5】 注記（**アステリスク記号**）

アステリスク記号は，注記を意味します。注記では，①補助表に関する指示，②参照の指示，③当該分類記号に収めるべき主題の範囲の指示，④別法の案内，⑤その他の必要に応じた指示が告知されています。なお，注記は置かれている直前の項目に対してのみ，効力を持ちます。

【6】「を見よ参照」（**矢印記号**）

【7】「をも見よ参照」（**矢印記号とコロン記号の組み合わせ**）

> 　　　　１４１.９８　　筆跡学. 書相学　→：１４８.３；７２８
>
> 　　　　　　　　　　＊筆跡と性格との関係は，ここに収める

参照には，「を見よ参照」と「をも見よ参照」があります。

　「を見よ参照」は，指示先のみが有効な参照です。ＮＤＣでは，矢印記号で示されています。先の項目【4】の例で，注記にある「を見よ参照」の意味は，次のとおりです。キーワードの「人格」や「性格」は，分類記号の「１４１.９３」が該当するのですが，類似の概念である「相性」については，この「１４１.９３」ではなく，「１４８」のほうを見なさい，同様に「個性」については「１４１.９」のほうを見なさい，という指示です。なお，指示先が複数ある場合は，セミコロン記号で区切られています。

　「をも見よ参照」は，指示先・指示元がともに有効な参照です。ＮＤＣでは，矢印記号とコロン記号の組み合わせで示されています。本項【7】の例で，注記にある「をも見よ参照」の意味は，次のとおりです。キーワードの「筆跡学」や「書相学」には，分類記号

の「１４１．９８」が該当するのですが，これらのキーワードに集約される以前の主題概念に対しては，もしかしたら「１４８．３　姓名判断．墨色判断」か，あるいは「７２８書．書道」が該当するかもしれないので，そちらも併せて参照しなさいという指示です。

　なお，「＊筆跡と性格との関係は，ここに収める」という注記は，当面の措置を示しています。注記で「＊○○は，ここに収める」とあるのは，○○という主題には，もっとも適切な分類記号がいまのところ割り当てられてはいないので，とりあえず，ここ（当該分類記号）のところに置きます，という意味となります。

【8】別法（角カッコ記号）

```
１４３．１　　両性の心理
　［．2］　幼児心理　→３７６．１１
　［．3］　児童心理　→３７１．４５
　［．4］　青年心理　→３７１．４７
　　．5　　女性心理
　　．6　　壮年心理
　　．7　　老年心理．中高年心理
```

分類記号が角カッコ記号でくくられていて，「を見よ参照」をともなっているのは，別法です。別法とは，こういうやり方もできますという，分類記号の例外的な使用方法です。原則として使用することはなく，当該項目に対しては矢印記号で指示されている分類記号を用います。ただし，図書館の個別の事情によってはローカルに採択することができるものです。

　本項【8】の例で，「幼児心理」は「を見よ参照」が示すように「３７６．１１」であり，「児童心理」は指示されている「３７１．４５」，「青年心理」は「３７１．４７」であって，いずれも「３７教育」の下位に位置付けます。ただし，図書館の事情によってどうしても「１４心理学」のところでまとめたいというのであれば，別法として「幼児心理」に「１４３．2」，「児童心理」に「１４３．3」，「青年心理」に「１４３．4」を与えることも可能であると示しているのです。

　後の項目【10】の例にある「６７４　広告．宣伝」では，注記で別法が案内されています。「広告」や「宣伝」は原則としては「６７４」であって，「６７商業」の下位に収めるべきものです。しかしながら，商業は経済と密接な関係にあるので，「３３経済」の下位の「３３６．７４」が別法として設定されており，どうしても「広告」や「宣伝」を（産業種別ではなく）純然たる経済活動として位置付けたいという個別の事情があるのであれば，配慮できるようになっています。

【9】 不使用項目（**角カッコ記号**）

> **５４２　　電気機器**
>   **．０９**　電機工業：生産と流通
>   **［．１］**
>   **．１１**　設計. 製図. 工作

ただし，分類記号が角カッコ記号でくくられていても，項目名も「を見よ参照」もなければ，それは不使用項目です。たとえば，本項【9】の例にある「５４２.１」です。分類体系の構造を示すためだけに挿入されているものなので，いっさい使いません。

【10】 短縮指示（**角カッコ記号**）

> **６７４　広告. 宣伝**
>   ＊別法：３３６.７４
>   **［．０１→６７４.１］**
>   **［．０２→６７４.２］**
>   **＜．１／．８　広告の一般事項＞**
>   ＊ここには，商品・企業に限定されない広告＜一般＞を収める
>   **．１**　広告理論・心理・倫理　→：３６１.４６
>   **．２**　広告史・事情
>   ＊地理区分

短縮指示は，二つの分類記号が矢印記号を仲介して角カッコ記号でくくられています。本項【10】の例で，短縮指示［．０１→６７４.１］の意味するところは，「６７４.０１」という分類記号が出来てしまったら，それは短縮して「６７４.１」にしなさい，という指示です。同様に［．０２→６７４.２］は，「６７４.０２」という分類記号が出来たら，それは「６７４.２」に短縮しなさい，の意味です。短縮指示は，第５章以降で述べる補助表の分類記号を合成するときに注意しなければなりません。

　なお，短縮指示には，次のような変則的なものもあります。

> **９１３　　小説. 物語**
>   **．３６**　源氏物語
>   **［．３６０３→９１３.３６１；９１３.３６２］**

【11】 限定語（**山形記号**）

前項目【10】の例で，「＊ここには，商品・企業に限定されない広告＜一般＞を収める」
とあります。分類記号「６７４」に収めるべき主題の，具体的な事例を示しています。注
記で「＊ここには，○○を収める」とあるのは，ここ（当該分類記号）のところに含まれ
る主題には，たとえば，○○という主題があります，という意味となります。

　上記の注記のなかに「広告＜一般＞」という言葉がありますが，<u>山形記号でくくら</u>
<u>れた後段の語は，直前の言葉の意味を限定する働きをしています</u>。つまり，分類記号
「６７４」は，広告のなかでも「一般的で汎用性のある広告」に付与されるものであって，
特定商品や特定企業の広告には適用外なのだということを示しているのです。

　前項目【10】の例でもう一つ，「６７４．２　広告史・事情」の注記に「＊地理区分」
とあります。これは，補助表に関する指示です。やはり第５章以降で説明するものです
が，注記での補助表に関する指示には「＊地理区分」「＊日本地方区分」「＊海洋区分」「＊
言語区分」があります。

　なお，９類の注記に「時代区分」という言葉がでてきますが，ＮＤＣ新訂10版には，こ
の名称の補助表はありません。本書では，これを「時代別の区分け」と読み替えています
（第８章 p 53参照）。

【12】 中間の見出し項目（**山形記号**）
【13】 分類記号の範囲指定（**斜線記号**）

前節「３．２．階層構造の調整」で説明済みではあるのですが，再度 確認しておきます。
先の項目【10】の例で，山形記号にくくられた＜.１／.８　広告の一般事項＞は，「中間
の見出し項目」です。斜線記号で範囲指定された分類記号，「６７４．１」から「６７４．８」
までの項目が本来の分類体系を崩し，下位のレベルから持ち上がって調整されていること
を示しています。

■

演習問題 主題分析（2） 本表（細目表）と階層構造

問い1 正しい記述をすべて選び，冒頭の数字を○印で囲め。

1　7類で「７５５．３ 宝石 →：５６９．９」とあれば，「宝石」という主題は７５５．３
　　ではなく，5類の５６９．９のほうを必ず採択せよという意味である。

2　9類で「アメリカ文学」が［９３９］と角カッコでくくられているのは，英米文学か
　　らアメリカ文学を切り離したときの単なる参考見本なので，採択はなべてできない。

3　3類で「３３５．４３ 重役：取締役，監査役，会計参与」とあるとき，コロン記号以
　　下の項目は，「重役」の下位概念であって，理解補助のために例示されている。

4　0類で「０１５．９８⁺多文化サービス」とあるとき，肩付きのプラス記号は新訂10版
　　での新設を示すので，背表紙のラベルには肩付きプラス記号をそのまま印字した。

5　5類の「５８６．５ 羊毛工業」で，［．５０２→５８６．５２］という短縮指示があっ
　　たので，当初の分類記号の５８６．５０２７２は，５８６．５２７２と改めた。

問い2 選択肢のなかでもっとも適切な分類記号を選び，冒頭のローマ字を○印で囲め。

①『サイコキネシス』

　＊サイコキネシス（psychokinesis）は，意志で力学的エネルギーを生じさせる作用。

　a．１４０．７５　　b．１４７．５　　c．４２３．４　　d．４６４．９

②『高柳重信 自選句集』

　＊高柳重信（1923−1983）は，前衛俳句の創作者。無季で，多行書きを実践。

　a．９１１．１６８　　b．９１１．３６８　　c．９１１．４６８　　d．９１１．５６

③『本格おりがみ：入門から上級まで』

　a．３７５．７２　　b．３８５．９７　　c．５８５．７　　d．７５４．９

④『シェーカー家具：美的デザインのディテール』

　a．１９８．９２　　b．５８３．７　　c．５９７　　d．７５８

⑤『原子力災害の補償問題』

　a．３６９．３６　　b．４２９．５　　c．５３９．０９１　　d．５４３．５

■

4 主題分析（３）

主題の特定と相関索引

4.1. 索引

索引は，構成要素を抽出して，そこに所在指示機能を付けたリストです。

　本体ではなく，そのなかの構成要素を対象にしてリストが作成されており，同時に，その構成要素がどこにあるかという所在場所を指示する機能をともなっているのです。図書ならば，本文中の事項・人名などのキーワード，雑誌ならば，収録されている記事・論文，そして論文ならば，そこで引用されている文献が対象となります。所在指示は，キーワードの場合は本文のページ数，記事・論文なら掲載誌のデータ，引用文献ならばそれを引用している論文のデータが相当します。

　索引は，対象とする構成要素や見出し項目の配列の仕方によって多様な種類があります。
　　　①事項索引，②相関索引，③コンコーダンス，④ＫＷＩＣ索引（ＫＷＯＣ索引），
　　　⑤雑誌記事索引，⑥引用文献索引
ここでは，相関索引について説明します。

4.2. 相関索引

相関索引とは，関連する見出し項目を意図的に集中させた索引のことです。相互に関連する見出し項目を一か所にまとめて掲載しているというのが，相関索引の本質です。

　ＮＤＣでは，分類記号で構成される分類体系が，いわば「本体」に当たります。そこから「構成要素」である分類項目を取り出して見出し項目とし，分類記号と対比させているのが，ＮＤＣの相関索引です。相関索引の分類記号は，分類体系における分類項目の「所在場所」を意味するものとなっています。

　ＮＤＣの相関索引における見出し項目は，分類項目のみならず，関連する用語も含めて設定されています。たとえば「花粉症」や「脱脂大豆」など，分類項目にない言葉も見出し項目となっています。言うならば，主題分析の結果で発想し得るキーワードをできるだけ集めて，分類記号への置き換えがスムーズにいくようにと配慮されているのです。

　ＮＤＣの相関索引では，次の二つの方法で関連項目の集中がなされています。

【1】 同じ言葉をもつ複合語の集中

同じ言葉を基幹にして作られる複合語は，分類体系上では離ればなれになっていますが，概念上では関連性があるので，次の方法でまとめています。

植物学	４７０
森林植物学	６５３．１２
水産植物学	６６３．７
農業植物学	６１３．７

複合語で，同じ言葉が後端に位置するものは，その後端の言葉を見出し項目に掲げ，そのもとに字下げをして複合語が並んでいます。

複合語で，同じ言葉が先端にくるものは，そのまま音順に配列することで，おのずと一か所に集まってきています。

生物	４６０
生物工業	５７９．９
生物写真	７４３．６
生物兵器	５５９．３９

【2】 丸カッコ記号で観点を提示して集中

同じ言葉で表現される主題でも，どのような観点からアプローチするかで異なる分類記号が付与される場合があります。**観点**（view point）とは，主題に対する切り口であり，主題を論じるさいの立場や目の付け所をいいます。

石	（建材）	５２４．２２
	（自然崇拝）	１６３．１
	（造園学）	６２９．６１
	（彫刻）	７１４

観点の違いで分類体系上は離ればなれになってしまう主題も，相関索引では観点を丸カッコ記号にくくって見出し項目の直後に置くことで一か所にまとめています。たとえば「石」という主題は，「建材」という観点でアプローチすれば，「５２建築」の下位の５２４．２２（建築構造の素材である石材）だし，「自然崇拝」という学術上の切り口から論ずれば，「１６宗教」の下位の１６３．１（原始宗教で自然物の崇拝）となり，別々の分類記号なのですが，観点を丸カッコ記号のなかに示すことで集中を実現させています。

［注記］相関索引で項目名が書物の標題の場合には，「書名」「経典」「聖書」「聖典」の語句が，角カッコ記号に挟まれて付加されています。

> 例　建春門院中納言日記　［書名］　９１５．４９
> 　　コリント人への手紙　［聖書］　１９３．７１

4.3. 分類記号付与の注意点

分類記号を付与するさいの注意点を四つ挙げます。①主題特定が困難な場合の対処，②階層構造の一貫性の遵守，③桁数の実地での伸縮，④適用根拠の説明責任，です。

【1】　第一に，主題の特定が困難な場合では，便宜的な方法で分類記号を与えています。二つのケースがあります。

　その一つは，百科事典・雑誌・論文集・年鑑など，あまりに多くの主題をかかえているので特定が困難な場合です。そのときは，総記（0類）のところに収めます。総記は，いわば「その他」「雑物」に相当している区分なので，総合的な主題や横断的なテーマのものを収録できます。

　もう一つは，芸術作品です。芸術作品の主題は，内容を十分に鑑賞し深く吟味したうえで論じなければならず，簡便には特定が困難です。そこで，芸術作品の「形式」を主題の代用として，分類記号を与えることにしているのです。すなわち，芸術作品のうちで，文字が主体の作品形式，小説・詩歌・戯曲・エッセイなどは9類（文学）の該当箇所に，ビジュアル優先の作品形式，漫画・絵本・写真集などは7類（芸術）にそれぞれ収めます。

【2】　第二に，階層構造を意識して，分類体系の一貫性を保つことが必要です。概念の上下の階層構造を強く意識して分類記号を選び，分類体系の一貫性に乖離が生じないよう努めなければなりません。対象とする主題（概念）に当該分類記号を割り振ることで，分類体系の一貫性は保たれるのか，階層構造には筋道が通るのかを，押さえます。

【3】　第三に，分類記号の桁数は，蔵書量の多寡，主題の偏り，対象利用者の特質などを考慮して，その図書館にとっての「適切な」桁数を採択していることに，注意します。

　たとえば，理系学部のみの大学図書館に初めて万葉集の評釈が入ってきた場合，詳細な分類記号を与えなくとも十分に他の資料と差別化できます。分類記号は4桁程度にとどめることが可能です。あるいは，児童対象の学校図書館では，あまりに細かい分類記号がかえって年少の利用者の理解を阻むおそれがあります。そこで，桁数は最初から3桁と決めることもあるのです。

　そもそも書架分類であるからには，分類記号は背表紙の下辺に貼付するラベルに印字しなければなりません。このとき，ラベルの横幅という物理的な制約から，桁数を縮減することもあります。NDCは，別法の扱いなどで図書館ごとに適用細則を定め，個別に運用されているのであって，桁数についても同様なのです。ただし，本書ではテキストという性格上，NDCに準拠したもっとも詳細な分類記号を「正解」として示しています。

【4】　第四に，当該分類記号を選択した根拠を，利用者に対して説明できるようにしておかなければなりません。分類記号に習熟している利用者は，どうしてこの資料にこの分類記号なのかという疑念をいだき，質問を寄せることがあります。図書館の個別の事情を説きつつ，主題分析の経緯を話して得心してもらうとともに，分類記号は資料の所在場所を指示するもう一つの働きがあることにも関心を振り向けます。

4.4. 第一次区分(類)の概要

第一次区分（類）の概要を，以下に説明します。最初の10区分にどのような主題が収められているのかをおおよそで確認します。

【0類】 0類は，1類から9類のいずれにも該当しない**総合的な主題**を収めます。書誌・目録（０２５／０２９），百科事典（０３０／０３８），用語索引（０３９），一般論文集（０４０／０４８），雑著（０４９），日本の雑誌（０５１），一般年鑑（０５９），叢書（０８０），貴重書・郷土資料（０９０）。また，情報に関連する研究領域を収めます。全体にかかわる知識（００２），情報科学（００７），図書館（０１０／０１９），著作権・編集・出版（０２１／０２４），学会・団体（０６１／０６５），博物館（０６９），ジャーナリズム・新聞（０７０）。

【1類】 1類は，思弁的な精神活動にかかわる主題を収めます。**哲学**（１１０／１３９）と**宗教**（１６０／１９９）に大別され，そのあいだに心理学（１４０／１４９）と倫理学（１５０／１５９）が置かれています

【2類】 2類は，**歴史**（２００／２７９），**伝記**（２８０／２８９），**地理**（２９０／２９９）に大別され，過去からの時間と地球上の地域にかかわる主題を収めています。伝記は「人物の歴史」と考えることで，ここに置かれています。

【3類】 3類は，9類とともに出版点数の多い類で，社会生活の諸事情を扱う**社会科学**を収めます。政治（３１０／３１９），法律（３２０／３２９），経済（３３０／３３９），財政（３４０／３４９），統計（３５０／３５８），社会（３６０／３６９），教育（３７０／３７９），風俗習慣・民俗学（３８０／３８９），国防・軍事（３９０／３９９）。

【4類】 4類は，自然現象にかかわる理論的・実験的な**自然科学**を収めます。数学（４１０／４１９），物理学（４２０／４２９），化学（４３０／４３９），天文学・宇宙科学（４４０／４４９），地球科学・地学（４５０／４５９），生物学（４６０／４６９），医学・薬学（４９０／４９９）。植物学（４７０／４７９）と動物学（４８０／４８９）が下位から持ち上がって同居しています。

【5類】 5類は，生産に関する**技術・工学**を収めています。主として第二次産業の生産諸技術および第一次産業の採鉱技術です。建設・土木・建築（５１０／５２９），機械・

電気（５３０／５４９），船舶（５５０／５５８），鉱山・金属・化学（５６０／５７９），製造（５８０／５８９）。原子力工学は５３９，軍事・兵器の技術は５５９です。**家政学・生活科学（５９０／５９９）**は，この５類に同居しています。

【６類】　６類は，**産業**です。第一次産業である農林水産業（６１０／６６９），第三次産業である，商業（６７０／６７９），運輸（６８０／６８９），通信（６９０／６９９）などを収めています。なお，運輸・通信の工学的な側面は５類（技術・工学）に分類します。また，産業は経済（３３０／３３９）と密接に関連するのですが，ＮＤＣでは両者が離れすぎているため別法が用意されています。

【７類】　７類は，**芸術（７１０／７７９），スポーツ・体育（７８０／７８９），諸芸・娯楽（７９０／７９９）**に大別されています。このうち芸術は，美術（７１０／７５９），音楽（７６０／７６８），舞踊（７６９），演劇（７７０／７７７），映画（７７８），大衆演芸（７７９）からなるものです。

【８類】　８類は，**言語**に関する主題を収めます。日本語（８１０／８１８），中国語（８２０／８２８），英語（８３０／８３８），独語（８４０／８４８），仏語（８５０／８５８），西語（８６０／８６８），伊語（８７０／８７８），露語（８８０／８８８），その他の諸言語（８９０／８９９）。

【９類】　９類は，３類とともに出版点数の多い類で，**文学作品とその研究書**を収めます。文学作品は，国や地域ではなく，言語によって区分されている点に注意を要します。日本文学（９１０／９１９），中国文学（９２０／９２８），英米文学（９３０／９３８），ドイツ文学（９４０／９４８），フランス文学（９５０／９５８），スペイン文学（９６０／９６８），イタリア文学（９７０／９７８），ロシア・ソビエト文学（９８０／９８８），その他の諸言語文学（９９０／９９９）。

4. 5. 列挙型項目の省略

ＮＤＣは列挙型分類法です。すべての分類項目をあらかじめ用意しておくのが原則です。

　しかしながら，すべてを列挙すると冗長な箇所が増え分類体系の全体がもたつくことがあります。たとえば，次ページの左上の表は，「神学部」「法学部」「医学部」をもつ大学の構成ですが，ここでは学部の下に「一回生」「二回生」「三回生」「四回生」の項目が何度も繰り返されており，冗長です。

そこで列挙型でありながら，分類項目を省略する措置を次の二つの方法で施しています。

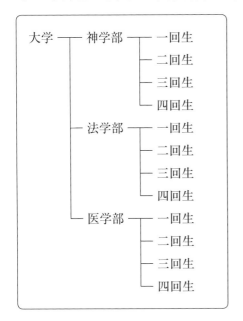

【1】 第一の省略方法は「ならって区分」です。項目の列挙を一つの分類体系で代表させ，他はその既設の分類体系にならって，同じように細分化を施していくという方法です。

　下記の例では，「神学部」のところに下位の分類体系が列挙されていますので，「法学部」と「医学部」は，この「神学部」にならって必要に応じて細分化するのです。

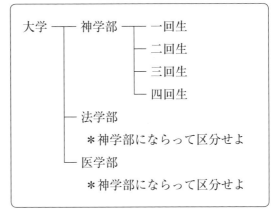

【2】 第二の省略方法は「補助表」の設定です。よく使われる下位区分が分類体系の「本体」から切り離され，別途に「補助表」としてまとめられており，必要に応じてそこから取り出し合成するという方法です。

　これが，次章以降で説明する補助表の考え方です。補助表の導入には，分析合成型分類法における「合成」の手法が援用されています。

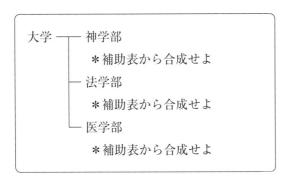

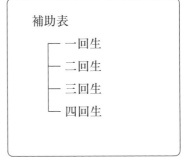

■

演習問題 主題分析（3） 主題の特定と相関索引

問い1 選択肢のなかで適切なほうを選び，冒頭のローマ字を〇印で囲め。

① 『近代の製糖技術』

        a．砂糖（栄養学）　b．砂糖（食品工業）

② 『品評会出品茶 生産の手引き』

        a．茶（作物栽培）　b．茶（茶道）

③ 『検閲：原爆報道はどう禁じられたのか』

        a．検閲（新聞）　b．検閲（映画）

④ 『昭和の紙芝居：人気シリーズ「黄金バット」の時代』

        a．紙芝居（学校教育）　b．紙芝居（大衆演芸）

⑤ 『インターネットは何故つながるのか』

        a．インターネット（情報科学）　b．インターネット（通信工学）

⑥ 『インターネットは社会をどう変えたのか』

        a．インターネット（情報科学）　b．インターネット（通信工学）

問い2 分類記号を与えよ。

① 『鮎の生態』

日本の川で生まれ，海に下り，海から清流へと駆け上がる天然鮎。その習性を解説。

② 『アユの養殖事業』

鮎の内水面養殖業について，その現状を解説。全国湖沼河川養殖協会が編纂。

③ 『「鮎釣り」ハイパーテクニック』

サンデー釣り人に贈る鮎釣り上達の極意書。雑誌『つり人』の人気特集が書籍化。

④ 『目からウロコのあゆ料理』

元漁師の水産庁職員がおくる，川魚・あゆのおいしいレシピ。

⑤ 『鮎の歌』

昭和初期の文学者・立原道造（1914－1939）が，1937（昭和12）年に発表した連作物語。

問い3 分類記号を与えよ。

① 『金（きん）の物語』（シリーズ教養の化学）

化学的手段で金精錬を目論む錬金術を始め，金の謎に迫る化学研究のドキュメンタリー。

② 『金投資の新しい教科書』

実物資産の王者と喧伝される金，そのもっとも賢い買い方，保管の仕方，売り方を解説。

③ 『截金：金箔芸術の美と技法』

截金（きりかね）は，線状に切った金箔を貼りつけて文様を描き出す金細工技法。

④ 『黒川金山』 ＊黒川金山の遺跡は，山梨県甲府市塩山に位置する。

戦国時代に武田信玄の軍資金をまかなったという黒川金山，その遺跡発掘調査の全容。

⑤ 『心に火をつける名経営者たちの金言』

日本を支え動かした名経営者たち，かれらの経営哲学を表す金言（きんげん）を蒐集。

問い4 選択肢のなかで適切なほうを選び，冒頭のローマ字を○印で囲め。

① 『ひまわりはなぜ東を向くのか』

　　　　a．ひまわり（花卉園芸）　b．ひまわり（植物学）

② 『人気のパンジー：育て方と手入れ』

　　　　a．パンジー（花卉園芸）　b．パンジー（植物学）

③ 『ミカンの来た道：柑橘の原種を求めて』

　　　　a．ミカン（果樹園芸）　b．ミカン（植物学）

④ 『トマトの鮮度保持』

　　　　a．トマト（蔬菜園芸）　b．トマト（植物学）

⑤ 『うなぎ：一億年の謎を追う』

　　　　a．うなぎ（漁労）　b．うなぎ（動物学）

⑥ 『カナリアの飼い方』

　　　　a．カナリア（家禽）　b．カナリア（動物学）

⑦ 『サラブレッドの血統事典』

　　　　a．うま（畜産業）　b．うま（動物学）

⑧ 『熊に会ったらどうするか』

　　　　a．クマ（畜産業）　b．クマ（動物学）

5 補助表（1）

形式区分

5.1. 補助表

補助表は，本表（細目表）を補うための分類表です。主題分野に共通して現れる形式・地域・言語などの区分に分類記号が割り振られており，必要に応じて本表（細目表）の分類記号と合成して用います。

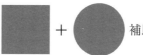

本表（細目表）の分類記号　＋　補助表の分類記号

補助表には大きく二つの種類があります。**一般補助表**と**固有補助表**です。

　一般補助表は，二つ以上の類にまたがって適用されます。全4区分で，内訳は，①**形式区分**，②**地理区分**，③**海洋区分**，④**言語区分**，です。一般補助表の項目一覧は，ＮＤＣ本体「本表・補助表編」に収録されています。

　固有補助表は，一つの類にのみ適用されるものです。全部で10区分あり，内訳は，①**言語共通区分**，②**文学共通区分**，③各国・各地域の地理，地誌，紀行における共通細区分表（**地域的論述の細区分**），④神道各教派の共通細区分表（**神道細区分**），⑤仏教各教派の共通細区分表（**仏教細区分**），⑥キリスト教各教派の共通細区分表（**キリスト教細区分**），⑦日本の各地域の歴史（沖縄県を除く）における時代区分（**日本地域史の時代細区分**），⑧各種の技術・工学における経済的，経営的観点の細区分表（**技術・工学の産業化細区分**），⑨様式別の建築における図集（**建築の図集細区分**），⑩写真・印刷を除く各美術の図集に関する共通細区分表（**美術の図集細区分**）です。

　固有補助表の項目一覧は，ＮＤＣ本体「本表・補助表編」のほか，本表（細目表）のなかの適用される記号のところに，破線記号（－－－－－）で上下を挟まれたかたちで収録されています。

　一般補助表であれ固有補助表であれ，補助表の分類記号は，それ単体では使うことができません。一覧表で，補助表の分類記号の冒頭にハイフンが付されているのは，常に本表（細目表）の分類記号と合成して用いなさい，という指示です。

　本章以下，補助表を順次説明していきます。

5.2. 形式区分

形式区分は，主題に対する表現のスタイルを表しています。一つは，どういう形式で内容が展開されているか（理念，歴史的・地域的論述，団体，研究法といった叙述形式）であり，もう一つは，いかなる形式で編集体制が整えられているか（参考図書，論文集，逐次刊行物，全集といった出版形式）です。右上にその部分（冒頭2桁）を示しました（全容はp36-37参照）。

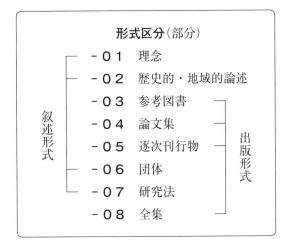

形式区分は，本表（細目表）のすべての類の分類記号に，必要に応じて合成できます。

【1】原則としては，そのまま合成できます。

> 例 『分析化学』 　　　４３３（分析化学）
>
> 『分析化学の歴史』 　４３３ ＋ ０２（形式区分：歴史的論述）→ ４３３.０２
>
> 『分析化学論文集』 　４３３ ＋ ０４（形式区分：論文集）　　→ ４３３.０４
>
> 『分析化学研究法』 　４３３ ＋ ０７（形式区分：研究法）　　→ ４３３.０７

＊「４３３.０７ 分析化学の研究法」は，本表（細目表）に形式区分を組み込んだかたちで立項されており，既設項目となっています。

【1a】ただし，形式区分を組み込んだ項目が，本来の合成結果とは異なるかたちで既設項目となっている場合があります。そのことは，多くの場合，注記に指示されています。

> 例 『貿易統計』
>
> ６７８ ＋ ０５９ → ６７８.０５９（×）
>
> （貿易） 　　（形式区分：年次統計）

＊本表（細目表）に既設項目「６７８.９ 貿易統計」があるので，６７８.９とします。「６７８ 貿易」には「＊貿易統計は，６７８.９に収める」との注記があります。

> 例 『看護師 国家試験』
>
> ４９８.１４ ＋ ０７９ → ４９８.１４０７９（×）
>
> （看護師） 　　（形式区分：資格試験の案内・問題集）

＊本表（細目表）で「４９２.９ 看護学」の下位に「４９２.９０７９ 看護師試験」があるので，４９２.９０７９とします。「４９８.１４ （看護師を含む）医療関係職員の資格・任務」の項には，「＊各資格試験問題は，各主題の下に収める」との注記があります。

【2】　なお，分類記号が末尾に桁揃えの０（零）を使用している場合は，この０（零）を省いて合成します（形式区分だけでなく，他の補助表の分類記号でも同様です）。

　　例　『数学事典』

　　　　４１０̸　＋　０３３　→　４１０．３３　　　　　　　　（×４１０．０３３）
　　　　（数学）　　　（形式区分：事典）　　　　　　　　　　　　　　　　（×４１３．３）

【3】　また，「－０１（理念）」と「－０２（歴史的・地域的論述）」の合成にさいして，本表（細目表）で角カッコ記号に挟まれた**短縮指示がある場合**には，それにしたがいます。「－０３（参考図書）」の合成にさいしても，９類の一部に短縮指示があります。

　　例　『広告の歴史』

　　　　６７４　＋　０２　→　６７４．０２（×）
　　　　（広告）　　　（形式区分：歴史的論述）

＊<u>本表（細目表）の「６７４　広告」に［．０２→６７４．２］との短縮指示があるので，６７４．０２は６７４．２とします。</u>

【4】　**合成の例外（その１）歴史もの**
下位で時代別の区分けが展開されている場合は，０（零）を重ねて合成します。

　　<u>ある主題の下位で</u>（たとえば，古代・中世・近世・近代といったような）時代別の区分けが展開されている場合，合成予定の分類記号が，すでに設定されている分類記号と抵触してしまうので，これを回避するために，例外的に０（零）を重ねて合成します。

　　その対象は二つです。一つは「地域史・各国史（地域別や国別での一般的な歴史）」のそれぞれであり，もう一つは，各項目での「特殊史（特定の主題のもとでの歴史）」です。

【4a】地域史・各国史　２１０（日本史），２２０（アジア史），２３０（ヨーロッパ史），２４０（アフリカ史），２５０（北アメリカ史），２６０（南アメリカ史）など

　　例　『日本史 年表』

　　　　２１０̸　＋　０３２　→　<u>２１０．３２</u>（×）
　　　　（日本史）　　　（形式区分：年表）

＊<u>ここでは，「２１０」の末尾に桁揃えの０（零）が使われているので，まずこれを省きます。</u>そのうえで形式区分の年表「－０３２」を合成して「２１０．３２」とすると「２１０　日本史」の下位に，＜．２／．７　時代史＞と中間の見出し項目が挿入されており，「２１０．３　日本の古代」がすでに設定されているので，抵触してしまいます。そこで例外的に０（零）を重ねて合成するのです。

　　　　２１０̸　＋　０　＋　０３２　→　２１０．０３２
　　　　（日本史）　　　（零）　　　（形式区分：年表）

【４ｂ】各項目での特殊史　３３２（経済史），３６２（社会体制史），５２３（西洋建築史），７０２（芸術・美術史），７６２（音楽史），９０２（文学史）など

　　例　『西洋建築史 論文集』

　　　　５２３　＋　０４　→　５２３.０４（×）
　　　　（西洋建築史）　　（形式区分：論文集）

＊形式区分の論文集「－０４」をそのまま合成すると，「５２３　西洋の建築」の下位に＜.０２/.０７　各時代＞と中間の見出し項目があって，既設の「５２３.０４　中世の西洋建築」と抵触します。そこで例外的に０（零）を重ねます。

　　　　５２３　＋　０　＋　０４　→　５２３.００４
　　　　（西洋建築史）　（零）　（形式区分：論文集）

【４ｃ】なお，下位に展開されている時代別の区分けの一つに，形式区分を合成するときは，０（零）を重ねる必要はありません。

　　例　『中世 西洋建築 事典』

　　　　５２３.０４　＋　０３３　→　５２３.０４０３３
　　　　（中世の西洋建築）　（形式区分：事典）

【５】合成の例外（その２）外交・貿易もの
外交と貿易史・事情の二国間関係と区別する場合は，０（零）を重ねて合成します。

　外交（３１９）と貿易史・事情（６７８.２）で，地理区分の後に，形式区分を合成する場合は，例外的に０（零）を重ねて合成します。というのは，二国間関係を扱う主題が，二つの地理区分を０（零）を介して連結しているので，それと区別するためです。

　　例　『日本外交事典』

　　　　３１９　＋　１　＋　０３３　→　３１９.１０３３（×）
　　　　（外交）　（地理区分：日本）　（形式区分：事典）

＊外交（３１９）に地理区分の日本「－１」を付与し（注記で「＊地理区分」の指示あり），形式区分の事典「－０３３」を合成して「３１９.１０３３」とすると，下記資料のような，日本と英国の外交という二国間関係で使われる分類記号と同じになってしまいます。

　　例　『日英外交関係』

　　　　３１９　＋　１　＋　０　＋　３３　→　３１９.１０３３
　　　　（外交）　（地理区分：日本）　（零）　（地理区分：イギリス）

そこで，先の『日本外交事典』のほうは，例外的に０（零）を重ねて合成するのです。

　　　　３１９　＋　１　＋　０　＋　０３３　→　３１９.１００３３
　　　　（外交）　（地理区分：日本）　（零）　（形式区分：事典）

■

◯ 形式区分 （全）

－０１　理念．哲学．原論
- 主題を根本的・原理的にとらえていて，そのことを強調するものに適用します。
  例）『図書館の自由に関する宣言』０１０.１

－０１２　学史．学説史．思想史

－０１６　方法論

－０１９　数学的・統計学的研究
- 例）『計量書誌学』０２０.１９，『商業計算入門』６７０.１９

－０２　歴史的・地域的論述
- 地域的論述では，「－０２」を適用した後に任意の地理区分を合成することができます。ただし，注記に「＊地理区分」と指示があれば直に合成でき，「＊日本地方区分」と指示があれば地理区分の冒頭の「１」を省いて合成ができます（第６章 p 40-42参照）。

－０２８　多数人の伝記［列伝］
- 特定の主題をもった，３人以上の伝記に適用します（第12章 p 84-85参照）。
- 列伝「－０２８」は伝記体で長めの文章量のもの，人名事典「－０３３」は伝記体で小項目主義のもの，人名鑑「－０３５」はデータを配置しているものに適用します。

－０２９　地理学的論述．立地論
- 特定の地域についてではなく，一般論としての地理学的な論述のものに適用します。
  例）『地政学入門』３１２.９，『寒冷地農業』６１２.９

－０３　参考図書［レファレンス＝ブック］

－０３１　書誌．文献目録．文献索引誌．抄録誌
- 特定の主題のもと，資料の書誌事項を集め，体系的に編集されているものに適用します。

－０３２　年表
- 歴史上の事柄に年代的序列をつけて，体系的に提示しているものに適用します。

－０３３　辞典．事典．用語集．コンコーダンス
- 特定の主題のもと，小項目が音順や字画順で体系的に編集されているものに適用します。

－０３４　命名法［命名規則］
- 例）『国際植物命名規約（ウィーン規約）2006』４７０.３４

－０３５　名簿．人名録．団体名鑑
- 特定の主題のもと，人物や組織のデータを集めて体系的に編集されているものに適用します。例）『全国弁護士大観』３２７.０３５，『専門情報機関総覧』０１８.０３５

－０３６　便覧．ハンドブック．要覧．提要
- 特定の主題のもと，一覧表や図版が主体で，体系的に編集されているものに適用します。

－０３８　図鑑．地図．物品図録
- 特定の主題のもと，ビジュアル主体で体系的に編集されているものに適用します。ただし，建築と美術の図集には固有補助表の「－０８７」を適用します（第８章 p 59-60参照）。

－０４　論文集．評論集．講演集．会議録
- 特定の主題のもと，論文や評論，講演会や会議での発表の記録などを集め，非体系的・非網羅的な，単発刊行のものに適用します。例）『安全登山講演記録集』７８６.１０４

－０４９　随筆．雑記

－０５　逐次刊行物：新聞，雑誌，紀要
- 特定の主題のもと，日刊・週刊・月刊などの頻度で逐次刊行されるものに適用します。

－０５９　年報．年鑑．年次統計．暦書
- 特定の主題を対象に，年一回の頻度で逐次刊行されるものに適用します。例）『国税庁統計年報書』３４５.０５９，『花卉流通年次統計』６２７.０５９

－０６　団体：学会，協会，会議
- 特定の主題にかかわる団体について，その概要，事業報告，会員名簿などをしるしたものに適用します。例）『日本医師会』４９０.６，『日本鉄鋼協会史』５６４.０６
- 団体会員名簿としての「－０６」は，人名鑑「－０３５」の下位概念に位置付けられ，メンバーとしてのくくりが明確にあれば，適用します。なお，勤務先の建物が存在すれば，機関としての構成員名簿を適用するのですが，さらに細分化されていて，研究調査機関の構成員名簿「－０７６」と，教育・養成機関の構成員名簿「－０７７」に分かれます。

－０６７　企業体．会社誌
- 個々の企業体に適用します。例）『川崎製鉄五十年史』５６４.０６７
- 業界団体には「－０６」，５類（技術・工学）の業界一般には固有補助表の「－０９」を適用します（第８章ｐ５９参照）。例）『戦後日本の鉄鋼業の復興と自立』５６４.０９

－０７　研究法．指導法．教育
- 例）『大学医学部』４９０.７，『合気道指導者への道』７８９.２５０７

－０７５　調査法．審査法．実験法

－０７６　研究調査機関
- 個々の研究調査機関そのものについて，その概要，事業報告，構成員名簿などを扱ったものに適用します。例）『公害研究所年報』５１９.０７６

－０７７　教育・養成機関
- 個々の教育・養成機関そのものについて，その概要，事業報告，構成員名簿などを扱ったものに適用します。例）『海軍江田島兵学校』３９７.０７７

－０７８　教科書．問題集

－０７９　入学・検定・資格試験の案内・問題集・受験参考書
- 公的な試験の存在を前提としたものに適用します。例）『日商簿記検定模擬試験問題集』３３６.９１０７９，『インテリアコーディネーター資格試験問題集』５２９.０７９
- ただし，数学遊戯と言語遊戯には「－０７９」が適用されて，既設項目となっています。例）『数独』４１０.７９，『クロスワード＝パズル』８０７.９

－０８　全集．選集．作品集
- 特定主題や単一形式の作品を集め，体系的・網羅的な編集がなされ，完結するものに適用します。例）『国文学研究大成』９１０.８，『現代電気工学基礎講座』５４０.８

－０８８　資料集

⑤ 演習問題 補助表（1）　形式区分

問い1 分類記号を与えよ。

① 『山歩きハンドブック』山と渓谷社編

　　山オトコも山ガールも必携の，実用知識を満載した登山のハンドブック。

② 『安全登山 講演記録集』日本山岳ガイド協会編

　　初心者や中高年に向けた，体験から語られる安全な登山のための講演集。

③ 『日本山岳会』日本山岳会 百周年記念事業委員会編

　　日本山岳会は登山の団体。その概要や沿革，事業報告や遠征記録などを網羅した一冊。

④ 『ワンダーフォーゲルのあゆみ』西日本 日独協会編

　　二十世紀初頭のドイツで発祥した山野徒歩旅行運動，各国への普及の軌跡を叙述。

⑤ 『アルピニスト列伝』ベースボール・マガジン社編

　　アルピニストは，アルプスのような難度の高い山を登る登山家をいう。かれらの列伝。

問い2 分類記号を与えよ。

① 『防衛年鑑』（平成25年度版）防衛年鑑刊行会編

　　自衛隊の国際平和協力活動からシーレーンの安全保障政策まで，国防の実績と展望。

② 『工学大事典 増補改訂版』工学院大学 工学部第１部編

　　工学に関する，基礎から最先端の用語約五千語を収録した事典。小項目主義・音順配列。

③ 『畜産の歴史』畜産生物科学安全研究所編

　　畜産は，家畜・家禽を飼育し乳製品や食肉などを得て生活に役立てる産業。その歴史。

④ 『カラー版 美術史大年表』美術出版社編

　　先史時代から現代までの美術史を一冊の年表に収めたもの。挿図を多数収録。

⑤ 『インド歴史地図帳』（各国史シリーズ）山川出版社編

　　インド史の年代を追いながら，各時代の地理的事象——領土の支配状態や交通ルート，
　　征服者の進攻経路や合戦の対置関係など——を表した地図帳。

問い3 選択肢のなかで適切なほうを選び，冒頭のローマ字を〇印で囲め。

① 『帝国データバンク 会社年鑑』

    a．335.035   b．335.059

② 『国立天文台編 理科年表』

    a．403.2   b．403.6

③ 『調理師 資格試験問題集』

    a．596.078   b．596.079

④ 『エッセンシャル聖書コンコーダンス』

    a．193.033   b．193.036

⑤ 『日本近現代史 文献解題』

    a．210.60031   b．210.6031

⑥ 『はばたくエンゼル，一世紀：森永製菓百年史』

    a．588.3067   b．596.65067

⑦ 『日本語オノマトペ辞典：擬音語・擬態語４５００』

    a．811.033   b．814.033

⑧ 『日本歯科医師会 創立百周年記念誌』

    a．497.06   b．498.1406

⑨ 『キネマ旬報社編 映画俳優全集：女優編』

    a．778.033   b．778.28033

⑩ 『伊東忠太 著作集』 ＊伊東忠太（1867－1954）は建築家。代表作は築地本願寺（1934年）。

    a．520.4   b．520.8

⑪ 『精選 牧野植物図集』 ＊牧野富太郎（1862－1957）は植物学者。新種を五百種以上発見し命名。

    a．470.38   b．470.87

⑫ 『国宝・重要文化財 総合図録：ユネスコ世界記憶遺産登録記念特別展』

    a．703.8   b．708.7

■

6 補助表（2）
地理区分・海洋区分

6.1. 地理区分

地理区分は，日本も含めて地球上の地域や国など
を表しています。右にその部分（冒頭1桁）を示
しました。

　場所によって国の段階で止まっていたり州や都
市のレベルまで細分化されていたりと階層性には
深浅があることに注意しなければなりません。古
い地名については（立項されている場合もありま
すが）現在の行政区画を当てはめますし，求める
地名が項目にない場合は上位の区域の地理区分に
含めます。

地理区分(部分)	
- 1	日本
- 2	アジア
- 3	ヨーロッパ
- 4	アフリカ
- 5	北アメリカ
- 6	南アメリカ
- 7	オセアニア. 両極地方

　地理区分の項目は，相関索引で直接に引くことができます。相関索引では，アステリス
ク記号一つを冠した，イタリック体（斜字体）で示されています。アステリスク記号二つ
を冠したものは，次節で述べる海洋区分です。

　　例　スリナム　　　＊6122
　　　　スリランカ　　＊259
　　　　スル海　　　　＊＊31
　　　　駿河国　　　　＊154

地理区分は，本表（細目表）のすべての類の分類記号に，必要に応じて合成できます。

【1】原則として，形式区分の地域的論述「－02」を介して合成します。地理区分は，
形式区分「－02」の延長上に，いわばその下位区分として展開されていると考えること
ができます。形式区分「－02」は，歴史的論述と地域的論述の二つの意味をもっている
のですが，地理区分をしたがえていれば，地域的論述の役割を担っていると分かります。

　　例　『キューバ野球』
　　　783.7　　　＋　　　02　　　＋　　　591　　　→　　　783.702591
　　　（野球）　　（形式区分：地域的論述）　（地理区分：キューバ）

【１a】ただし，本表（細目表）に短縮指示がある場合には，その指示にしたがいます。

　　　例　『キューバの放送事業』

　　　　　６９９　　＋　　０２　　＋　　５９１　　→　　６９９.０２５９１（×）

　　　　　（放送事業）（形式区分：地域的論述）（地理区分：キューバ）

＊本表（細目表）の「６９９　放送事業」で［.０２→６９９.２］との短縮指示があるので，「－０２」を介して合成した後に，指示にしたがって**６９９.２５９１**とします。

【１b】地理区分を付けた後に，必要に応じて「－０２」以外の形式区分を合成できます。

　　　例　『キューバ野球人名鑑』

　　　　　７８３.７　＋　０２　＋　５９１　＋　０３５　→　**７８３.７０２５９１０３５**

　　　　　（野球）（形式区分：地域的論述）（地理区分：キューバ）（形式区分：人名録）

【２】例外として，注記で「＊地理区分」と指示があれば，そのまま合成できます。

　　　例　『デンマークの公共図書館』

　　　　　０１６.２　＋　３８９５　→　**０１６.２３８９５**

　　　　　（公共図書館）（地理区分：デンマーク）

＊本表（細目表）の「０１６.２　公共図書館」には，注記で「＊地理区分」の指示があるので，そのまま（「－０２」を介さずに）地理区分を合成できます。

【２a】３類の法律・制度と地理区分

　　　例　『米国選挙制度』

　　　　　３１４.８　＋　０２　＋　５３　→　３１４.８０２５３（×）

　　　　　（選挙制度）（形式区分：地域的論述）（地理区分：アメリカ）

＊この『米国選挙制度』で注意すべきは，３類の法律・制度は日本のものだということです。つまり，相関索引で「選挙制度」を引くと「３１４.８」とありますが，この分類記号は「日本の選挙制度」の意味なのです。したがって「３１４.８」に「－０２」を介して地理区分のアメリカ「－５３」を合成することはできません。この場合は「外国の選挙制度」という項目を探し出して，地理区分を付与しなければならないのです。

　　　　　３１４.８９　＋　５３　→　**３１４.８９５３**

　　　　　（外国の選挙制度）（地理区分：アメリカ）

結果として「３１４.８９　外国の選挙制度」の項目には注記で「＊地理区分」の指示があるので，地理区分のアメリカ「－５３」をそのまま合成できます。

　　この「選挙制度」の場合は，その直下に「外国の選挙制度」の項目がありましたが，もしも当該項目の名称を用いた「外国の……」という項目がすぐ下に見当たらなければ，当該項目の上位のカテゴリで「外国の……」の項目を探します。

「外国の……」という項目は，3類の，選挙制度（314.8），行政制度（317），地方行政制度（318），憲法（323），行政法（323.9），民法（324），商法（325），刑法（326），司法制度（327）などで用意されています。

　　ただし，「国際法」や「特定主題の諸法」は，この限りではありません。国家間の行動規定である国際法は，そもそも地理区分できません。特定の主題をもった諸法には，農林水産法，鉱工業法，建設法，交通・通信法，無体財産法，医事衛生法，文化・教育法などがありますが，これらは関連主題のもとに収め，「外国の……」という項目は用意されていないので，地理区分は原則どおり「−02」を介して合成します。

【3】　二国間の，外交（319）と貿易史・事情（678.2）では，二つの地理区分のあいだに0（零）を挟んで合成します。それぞれの本表（細目表）に注記で「＊地理区分」の指示があるので，まず一方の地理区分をそのまま合成し，次に0（零）を挟んでから，もう一方の地理区分を合成します。二つの地理区分の順番は，日本が先になります。もしも日本を含まない場合は，日本に距離的に近いか関係性の深い国が先です。

　　例　『日英外交関係』

　　　　319　＋　1　＋　0　＋　33　→　319.1033

　　　　（外交）（地理区分：日本）（零）（地理区分：イギリス）

【4】　もう一つの例外として，注記で「＊日本地方区分」と指示があれば，地理区分の先頭にある「1」を省いてから，合成します。

　　例　『東京都の住民運動』

　　　　318.8　＋　̸136　→　318.836

　　　　（住民運動）（地理区分：東京都）

＊本表の「318.8　住民運動」には注記で「＊日本地方区分」の指示があるので，地理区分の東京都「−136」から，先頭の「1」を省いた「−36」を合成します。

【5】　また，相関索引で，分類記号のなかに「△」を含むものは，この「△」の位置に地理区分を挿入できます。挿入される地理区分の記号は，1桁とは限りません。

　　例　『イギリス地図』　293.3038　　−33（地理区分：イギリス）

＊相関索引で「地図」を引くと，「地図　29△038」との項目があります。したがって「イギリス地図」ならば，この「△」の位置に地理区分のイギリス「−33」を挿入することができます。3桁と4桁のあいだの点は，地理区分の挿入後に付与します。

　　なお，相関索引で「地図（図書館）　014.78」とあるのは，図書館コレクションのなかの地図資料を意味しています。

6.2. 海洋区分

海洋区分は地球上の海を表しています。下にその部分（冒頭1桁）を示しました。

海洋区分の項目は，地理区分と同様に，相関索引で直接に引くことができます。相関索引での海洋区分は，アステリスク記号二つを冠した，イタリック体（斜字体）で示されています。

主題は，海洋気象誌（４５１.２４），海洋誌（４５２.２），海図集（５５７.７８）に限られ，本表（細目表）の注記に「＊海洋区分」の指示があるので，そのまま合成します。

適用項目が３件とごく少数であるにもかかわらず，海洋区分が一般補助表の範疇に入っているのは，それらが４類と５類の二つの類にまたがっているからです。

海洋区分(部分)	
- 1	太平洋
- 2	北太平洋
- 3	南太平洋
- 4	インド洋
- 5	大西洋
- 6	地中海
- 7	北極海
- 8	南極海

例 『珊瑚海 水路図誌』

　　　 ５５７.７８ ＋ ３６ → ５５７.７８３６

　　　　（海図集）　（海洋区分：珊瑚海）

例 『地中海のお天気』

　　　 ４５１.２４ ＋ ６ → ４５１.２４６

　　　　（海洋気象誌）　（海洋区分：地中海）

＊いずれも，本表（細目表）には注記に「＊海洋区分」の指示があるので，海洋区分をそのまま合成できます。

なお，海洋一般について論じているものは，２９９目に海洋区分が合成されて既設項目となっている，２９９.１/.８に収めます（２９９.９は「地球以外の世界」と立項）。

■

6 演習問題 補助表（2） 地理区分・海洋区分

問い1 分類記号を与えよ。

① 『ヨーロッパで出会う大道芸』

  欧州各都市の広場などで繰り広げられる大道芸のかずかず。

② 『ニューヨーク街歩きマップ』

  迷わない，ためらわない，ムダ足をしない，ニューヨーク初心者用のポケット地図。

③ 『ベネチアン＝グラス』

  イタリアのベネチア（ベニス）特産の，美しいガラス工芸品を紹介。

④ 『ドイツ民事訴訟法典』

  民事訴訟法とは，私人間（しじんかん）のトラブルを裁判所に訴えて法的に解決しよ
  うとするときに，その手続きを定めた法律のこと。法典は，法律と同義。

⑤ 『中国複合汚染の正体：現地潜入取材で見えてきたこと』

  大気・水質・土壌にわたって複合化する，中国の環境汚染。その知られざる実態。

⑥ 『近江 神社縁起』

  近江（おうみ），いまの滋賀県の神社についての，由来や伝説をしるした神社誌。

⑦ 『愛知県 議会：あすへの検証』

  愛知県議会の実態をさまざまな証言をもとに徹底的に検証した一冊。

⑧ 『長崎に走る路面電車』

  長崎の市街をのんびりと走りゆく路面電車，市民の足としての愛すべき魅力を紹介。

問い2 分類記号を与えよ。

① 『古代アレキサンドリア図書館』
紀元前三百年ころ，エジプトのアレキサンドリアに建てられた，古代最大の図書館。

② 『イギリス工場法』
工場労働者の健康保護を目的に制定された工場法。先駆となった英国工場法の全容。

③ 『北欧の港湾：海運基地の役割』
港湾は，海上交通と陸上交通との結節点。北ヨーロッパに点在する商港の魅力を紹介。

④ 『バスク民族の抵抗』
スペイン北東の地で独自の文化を守り続けるバスク民族。その民族運動の実態。

⑤ 『アフリカ年鑑』
アフリカ全土に関して，人口・経済・社会・文化における，年間の基礎データを収録。

⑥ 『米中衝突を避けるために：戦略的再保証と決意』
覇権主義で台頭する共産党の中国と，民主主義の理念で世界秩序を維持したい米国。
互いの中核的な国益を損なわずに共存可能なのか，その現実的な外交政策の提言。

⑦ 『千葉県 人事行政 提要』
千葉県における，自治体職員の任用・給与・勤務条件・服務などの，要点を提示。

⑧ 『アメリカに生きた日本人移民：日系一世の光と影』
明治中期から大正期に米国へと渡った日本人移民。日系一世としての人生を探る。

⑨ 『アメリカ商標法』
商標（トレードマーク）は商品やサービスの出所を認識可能とする文字や図形のこと。
商標使用者の，業務上での信用力（ブランド）保護を目的とする，米国商標法を詳説。

⑩ 『国連海洋法条約』
領海の幅や公海の利用など，海洋に関わる包括的秩序の確立を目指した「海の憲法」。

■

7 補助表（3）

言語区分・言語共通区分

7.1. 言語区分

言語区分は，世界で用いられている言語を表しています。右には，その部分（冒頭1桁）を示しました。

言語区分は，他の補助表の分類記号と同様に，それ単体で使うことはできません。主題である「言語」を表現するには，第一次区分で言語を表す「8」と，この言語区分とが合成されなければなりません。つまり，8類の「言語の主題」は，「8＋言語区分」という分類記号の骨組みで構成されて，既設項目となっているのです。

言語区分（部分）	
－1	日本語
－2	中国語
－3	英語
－4	ドイツ語
－5	フランス語
－6	スペイン語
－7	イタリア語
－8	ロシア語
－9	その他の諸言語

したがって，裏技として言語区分を相関索引から引くことができます。相関索引で8類（言語）の分類記号を引き当てて，ここから冒頭の「8」を省いたものが，補助表の言語区分に相当するのです。たとえば，相関索引では「チベット語 829.32」とありますが，言語区分のチベット語は冒頭の「8」を除いた「－2932」だと判断できます。ただし，この裏技で得られた記号は，必ず言語区分の一覧表で確認しなければなりません。

言語区分は，8類（言語），9類（文学），それに0類（総記）の，030（百科事典），040（論文集），050（逐次刊行物），080（叢書）と，さらに670.9（商用語学），および469.8（人類学で，地理区分できない人種・民族）で用います（既設項目となっている8類以外は，いずれも注記に「＊言語区分」の指示があります）。

【1】本表（細目表）の注記で「＊言語区分」と指示があるものに，そのまま合成します。

　例　『ビジネス英文レター入門』

　　670.9 ＋ 3 → 670.93

　　（商用語学）　（言語区分：英語）

＊本表（細目表）の「670.9 商用語学」に注記で「＊言語区分」の指示があるので，そのまま言語区分の英語「－3」を合成します。

【2】 相関索引で，分類記号のなかに「□」を含むものは，この「□」の位置に言語区分を挿入できます。挿入される言語区分の記号は，1桁とは限りません。

> 例 『ポーランド語の文法』 **８８９.８５** －８９８ （言語区分：ポーランド語）

＊相関索引で「文法」を引くと，「文法 ８□５」との項目があります。したがって「ポーランド語の文法」ならば，この「□」の位置に言語区分のポーランド語「－８９８」を挿入します。3桁と4桁のあいだの点は，挿入後に付与します。

【2ａ】 ただし，言語区分が「二つ以上の言語の集合」に割り当てられているものは，挿入することができません（「諸語」は「二つ以上の言語の集合」に対する総称です）。

> 例 －９３１ ケルト諸語 （×８９３.１５）
> 　　 －９３２ アイルランド語．スコットランド・ゲール語 （×８９３.２５）

＊言語区分「－９３１」は，ケルト諸語に割り当てられています。諸語とは，二つ以上の言語の集合に対する総称です。また「－９３２」は，アイルランド語とスコットランド・ゲール語という，二つの言語に共通して割り当てられています。両者とも「□」の位置に挿入することはできません。

7.2. 言語共通区分（固有補助表）

言語共通区分は，言語を成り立たせている形式，あるいは言語を研究するうえでのテーマを表しています。右にすべての項目を示しました。

　言語共通区分は，8類（言語）で用います。

言語共通区分（全）
－1 文字．音声．音韻
－2 語源
－3 辞典
－4 語彙
－5 文法
－6 文章．文体．作文
－7 読本．解釈．会話
－78 会話
－8 方言

【1】 8類の分類記号と，そのまま合成します。

> 例 『ギリシア文字』
> 　　 ８９１ ＋ １ → ８９１.１
> （8類：希語）（言語共通区分：文字）

【1ａ】 前節で述べたように，8類（言語）の分類記号は，「8 ＋ 言語区分」という骨組みで構成されています。したがって言語を扱った主題は，8類のもとで，まず言語そのものにより区分（言語区分）されて「言語の主題」となり，次いで言語形式あるいは言語研究のテーマによってさらに区分（言語共通区分）されていることになります。

　　　8 ＋ 言語区分 ＋ 言語共通区分

　例　『ギリシア文字』

$$8 \quad + \quad 91 \quad + \quad 1 \quad \rightarrow \quad \mathbf{891.1}$$

　　　（8類）（言語区分：希語）（言語共通区分：文字）

＊この「8＋言語区分＋言語共通区分」という骨組みで生成された分類記号には，必要に応じて，形式区分あるいは地理区分を合成することができます。

【1b】言語を扱った主題の分類記号は，相関索引からも求めることができます。<u>相関索引で「言語共通区分に相当する言葉」を引くのです。すると「8□〈言語共通区分の記号〉」というかたちで立項されているので，この「□」の位置に言語区分を挿入します。</u>

　たとえば，前項の事例は「文字＋ギリシア語（言語区分）」と主題分析できます。相関索引で「文字」を引くと，「文字　8□1」と立項されており，この「□」の位置に言語区分のギリシア語「－91」を挿入して，「891.1」となるのです。3桁と4桁のあいだの点は，挿入後に付与します。結果として「8＋言語区分＋言語共通区分」という骨組みから生成された分類記号と同じになります。

【1c】<u>相関索引で，△印は地理区分，□印が言語区分です。</u>両者の混同に注意。

　例　『青森の方言』

＊主題の「方言」に，地理区分の青森県「－121」を合成すればいいと判断できます。相関索引で「方言」を引くと「方言　8□8」とあります。そこで，この「□」の位置に青森県「－121」を以下のように挿入するとすれば，これは間違いです。

　　　　相関索引「方言　8□8」　　812.18（×）　－121　（地理区分：青森県）

なぜならば，「□」の位置に挿入できるのは言語区分であり，地理区分が挿入できるのは「△」の記号だからです。したがって，「□」の位置には言語区分の日本語「－1」を挿入して，まず「日本語の方言　818」を生成し，その後に地理区分の青森県「－121」を合成するという段取りとなります。

　地理区分を合成する原則は，形式区分の地域的論述「－02」を介してでしたので，以下のように合成するとすれば，これも間違いです。

$$818 \quad + \quad 02 \quad + \quad 121 \quad \rightarrow \quad \underline{818.02121}（×）$$

　　　（日本語の方言）（形式区分：地域的論述）（地理区分：青森県）

なぜならば，本表（細目表）で「818（日本語の）方言」を見ると，注記に「＊日本地方区分」の指示があるからです。形式区分「－02」は介さずに，地理区分「－121」から冒頭の「1」を省いた「－21」を合成しなければなりません。

$$818 \quad + \quad \cancel{1}21 \quad \rightarrow \quad \mathbf{818.21}$$

　　　（日本語の方言）（地理区分：青森県）

【１d】 ただし，言語区分が「二つ以上の言語の集合」に割り当てられているものは，言語共通区分を後ろに合成できないし，相関索引の「□」の位置に言語区分を挿入することもできません（言語区分の分類記号と言語項目とが，一対一の対応なのかを要確認）。

> 例 『アイルランド語の文法』
>
> 　　８　　＋　　９３２　　＋　　５　　→　　８９３.２５（×）
>
> 　　（8類）（言語区分：アイルランド語）（言語共通区分：文法）
>
> 　相関索引「文法　8□5」８９３.２５（×）－９３２（言語区分：アイルランド語）

＊言語区分のアイルランド語「－９３２」は，アイルランド語だけでなく，スコットランド・ゲール語にも割り当てられています。したがって，言語区分「－９３２」は，言語共通区分を後ろに合成できないし，相関索引の項目にある「□」の位置に挿入することもできません。「アイルランド語の文法」の分類記号は，８９３.２という，言語共通区分が後ろに付かないかたちで止めることになります。言語区分のアイルランド語が，「二つ以上の言語の集合」に割り当てられていることにより，結果として「アイルランド語」と「アイルランド語の文法」とは，同一の分類記号となるのです。

【２】 言語共通区分の「辞典（－３）」は，語釈（言葉の意味の解釈）の辞典に用い，形式区分の「辞典（－０３３）」は特定の研究テーマ（アクセント・文法・語源など）を扱った辞典に用います。

> 例 『ギリシア語辞典』
>
> 　　８　　＋　　９１　　＋　　３　　→　　８９１.３
>
> 　　　　（言語区分：希語）（言語共通区分：辞典）
>
> 例 『ギリシア語文法辞典』
>
> 　　８　　＋　　９１　　＋　　５　　＋　　０３３　　→　　８９１.５０３３
>
> 　　（言語区分：希語）（言語共通区分：文法）（形式区分：辞典）

＊日本語対外国語の二言語辞典は，外国語の側で分類記号を与えます。前者の『ギリシア語辞典』はギリシア語から日本語への語釈の辞典ですが，後者の『ギリシア語文法辞典』はギリシア語の文法に特化して日本語で解説している辞典です。

【２a】 なお，「言語共通区分で表現される研究テーマ」以外の主題を持った辞典に対しては，その特定の主題に焦点を当てて，やはり形式区分の「－０３３」を合成します。

> 例 『新約聖書 ギリシア語辞典』
>
> 　　１９３.５０３３
>
> 例 『ラテン語文学 引用句辞典』
>
> 　　９９２.０３３

【３】　８類の８０１（言語学）から８０９（言語生活）まで，言い換えれば，言語区分の位置に０（零）が置かれて言語区分が不在のものは，言語を特定しない（あるいは特定できない）主題を表しています。

> 例　『ボディランゲージを読む』
>
> ８０１.９（音声によらないコミュニケーション）

> 例　『キーボード速達法：タッチ＝タイピングからワープロ検定まで』
>
> ８０９.９（［パソコンでの］タイピング）

【３a】　８類で，言語は特定しているものの，言語共通区分の位置に言語共通区分が不在のものは，当該言語に関する，言語形式や言語の研究テーマを特定しない（あるいは特定できない）主題を表しています。

> 例　『国語審議会 答申・建議集』
>
> ８１０.９（日本語に関する，言語政策の報告書）

> 例　『研究社 英語学 辞典』
>
> ８３０.３３（英語に関する，言語研究全般の知見を盛り込んだ辞典）

【４】　言語区分の分類記号と言語の項目とが一対一で対応しているのならば，「□」の位置に言語区分を挿入でき，その後ろに言語共通区分を合成できます。

　そのうえで，独・仏・西・伊・露といった主要な言語については，英語の分類体系にならって，もう一段の細分を施すことが可能です。

> 例　『和西 中辞典』
>
> ８　＋　６　＋　３　→　８６３（さらに細分が可能）
>
> （言語区分：西語）（言語共通区分：辞典）

＊英語（８３０）では，「８３３ 辞典」の下位に「８３３.２ 和英辞典」があります。この英語の分類体系にならって，８６３は，８６３.２というように下位に展開できます。

> 例　『ドイツ語手紙の書き方：文通のしおり』
>
> ８　＋　４　＋　６　→　８４６（さらに細分が可能）
>
> （言語区分：独語）（言語共通区分：文章）

＊英語（８３０）では，「８３６　文章．文体．作文」の下位に「８３６.６　書簡文」があります。この英語の分類体系にならい，８４６は，８４６.６へと細分できます。

■

⑦ 演習問題 補助表（3）　言語区分・言語共通区分

問い1 言語区分の分類記号を示せ。また，言語と一対一に対応していれば○を，「二つ以上の言語の集合」に割り当てられていれば×を，言語区分の分類記号の冒頭に付けよ。

①ガリシア語　②古ノルド語　③白ロシア語　④キクユ語　⑤ブラジル語

＊言語区分の一覧表で，言語区分が「－XXXXX　　○○語」と単一言語に一対一で割り振られていながら，注記で「＊△△語には，この記号を使用する」としるされていることがあります。かかる場合に，この言語区分の記号「－XXXXX」は，当初の○○語と注記での△△語との，二つの言語に割り当てられているものと解釈します。

問い2 分類記号を与えよ。

① 『アラビア文字を書いてみよう読んでみよう』
机上で覚えるだけでなく，竹筆で書道を試みたり，街角の看板を読破したりの一冊。

② 『ハンガリー語会話 練習帳』
ハンガリー語圏の生活でやりとりされる日常会話の，高頻度フレーズを大特訓。

③ 『初学者必携 ポーランド語文法辞典』
ポーランド語の格変化と活用に詳しい，学びの工夫を満載した小型の文法辞典。

④ 『大学書林 トルコ語小辞典』
言語の理解を深める，トルコ語から日本語への語釈の辞典コンパクト版。

⑤ 『パスポート初級 露和辞典』
より見やすく使いやすくなった，ロシア語から日本語への語釈の辞典。

⑥ 『速習イタリア語文法／動詞活用表』
イタリア語の動詞，その人称別活用についてのワンポイント文法レッスン。

⑦ 『加賀なまり』
石川県加賀地方の国なまりは，上下にうねるような抑揚が語尾に現れるのが特徴。

⑧ 『学術論文の書き方』
テーマの設定，先行研究の調査と記録，全体の構成，文章表記など，実践的指南。

問い3 分類記号を与えよ。

① 『スペイン語検定対策 5級・6級問題集』

　　入門書レベルの内容を的確に整理し，スペイン語技能検定試験の傾向と対策を提示。

② 『ＯＥＤに見られる日本語：英語圏の日本発見』

　　英単語の「samurai」「manga」「karaoke」「sushi」など，オックスフォード大学出版局
　　発行のＯＥＤ（Oxford English Dictionary）に採られた，「日本語由来の英語」を検証。

③ 『デイリー6か国語辞典：日英独仏伊西』

　　日本語・英語・独語・仏語・イタリア語・スペイン語が並んだ，シンプルな多言語辞典。

④ 『英文ビジネス契約書：作成実務の基本原則Ｑ＆Ａ』

　　英文ビジネス契約書の作成実務を徹底指導。商用語学の基本を押さえたＱ＆Ａ形式。

⑤ 『チュクチ族』

　　チュクチ族は，北東シベリアの地でトナカイを追って暮らす遊牧民族。使用言語は，チ
　　ュクチ語。トナカイのそりに乗り，その肉を食べ，その皮で衣類やテントを作って生活。

⑥ 『東京のことば』

　　「すこぶるつき」「あたじけない」「おひきずり」「うじゃじゃける」「まっつぐ」などなど，
　　新派の芝居や古典落語のなかに残った，「東京のことば」を探訪する。

⑦ 『信州ことば遊び』

　　回文・狂歌・地口・いろは歌・アナグラム・文字鎖・清濁戯れ歌といった，ことば遊び。
　　石碑や献額の調査も含め，信州（信濃国）に伝わる，言語遊戯の世界への道案内。

⑧ 『出会いが生む言葉・クレオール語』

　　クレオール語は，主に旧植民地で，入植者の言語が先住民の言語と混ざって独自の言語
　　となり，その土地の母語となったもの。仏語系・英語系・西語系・葡語系・蘭語系のものが
　　ある。同様の混成語で，母語として定着するまでに至らないのは，ピジン語と呼ぶ。

⑨ 『用字用語辞典』

　　「固い信念」「堅い守備」「硬い表情」のような同音異義語の使い分け，「ウェブサイト」
　　「ウエブサイト」「ウエッブサイト」で迷うカタカナ表記，「行なう」か「行う」かの送
　　り仮名での判断など，実用的な文章を書くときの，文字と語句との用い方の基本。

⑩ 『毛筆三体字典』

　　常用漢字と人名用漢字について，楷書・行書・草書の三書体で書き分けて示した字典。
　　お手本の文字とその書き順を列挙し，毛筆で美麗な字を書くためのポイントも提示。

■

8 補助表（4）
文学共通区分・地域的論述の細区分・その他の固有補助表

8.1. 文学共通区分（固有補助表）

文学共通区分は，文学作品の形式あるいは文学を研究するうえでのテーマを表しています。右に，すべての項目を示しました。

　文学共通区分は，9類（文学）で用います。

【1】9類の分類記号と，そのまま合成します。

　　例　『千夜一夜物語』

　　　929.76 ＋ 3 → 929.763

　　（9類：アラビア文学）　（文学共通区分：小説）

＊9類（文学）の分類記号は，「9＋言語区分」で構成されて，既設項目となっています。

文学共通区分（全）	
－ 1	詩歌
－ 18	児童詩．童謡
－ 2	戯曲
－ 28	児童劇．童話劇
－ 3	小説．物語
－ 38	童話
－ 4	評論．エッセイ．随筆
－ 5	紀行．日記．書簡
－ 6	記録文学．手記．ルポ
－ 7	箴言．アフォリズム
－ 8	全集．選集．作品集
－ 88	児童文学作品集

【1a】 文学作品と文学に関する研究書は，9類のもとで，まず言語により区分（言語区分）され，次いで作品形式あるいは研究テーマで細区分（文学共通区分）されています。

　　例　『ロミオとジュリエット』

　　　9 ＋ 3 ＋ 2 → 932

　　（9類）（言語区分：英語）（文学共通区分：戯曲）

＊イギリスの劇作家・シェイクスピア（1564-1616）がしるした戯曲で，初演は1595年ごろです。9類のもとで，言語区分は英語「－3」，文学共通区分は戯曲「－2」ですから，英米文学の戯曲として932を合成できます。このとき，本表（細目表）の「932　英米文学の戯曲」をみると「＊933.4／.7のように時代区分」という注記があります。つまり，「933　英米文学の小説」の分類体系にならって，さらに細分できるのです。

　時代別の区分け（NDCの表記では「時代区分」）は，原著作の初版年，あるいは著者の生没年，生没年が世紀をまたぐときは一般に後半生が主要な活動時期とみなして没年で判断することとします。この『ロミオとジュリエット』は，初演の年から，「933」の下位で展開されている「.5　16-17世紀」を採択して，932.5とします。

　　　例　『ロミオとジュリエット』

　　　　　9　　＋　　3　　＋　　2　　＋　　<u>5</u>　　→　　**９３２．５**

　　　　（9類）（言語区分：英語）（文学共通区分：戯曲）（時代別の区分け：16－17世紀）

<u>ただし，時代別の区分けは注記での指示によるもので，日・中・英・独・仏といった主要</u>
<u>な言語による，主要な作品形式の著作に限ります。</u>

　　　　９　＋　言語区分　＋　文学共通区分　（＋時代別の区分け）

　　　例　『夜と霧』

＊オーストリアの精神科医・ヴィクトール＝フランクル（1905－1997）の手になる，ドイ
ツ強制収容所の体験記録。1946年初版。みずからユダヤ人として囚われ奇跡的に生還した。

　　　　　9　　＋　　4　　＋　　6　　→　　**９４６**

　　　　（9類）（言語区分：独語）（文学共通区分：記録文学）

　　　例　『森の生活：ウォールデン湖畔にて』

＊米の作家・H.D.ソロー（1817－1862）による，自給自足生活のエッセイ。1854年初版。

　　　　　9　　＋　　3　　＋　　4　　＋　　<u>6</u>　　→　　**９３４．６**

　　　　（9類）（言語区分：英語）（文学共通区分：エッセイ）（時代別の区分け：18－19世紀）

なお，時代別の区分けを施した後に，必要に応じて形式区分を合成することができます。

【１ｂ】 文学作品・文学研究書の分類記号は，相関索引からも求めることができます。<u>相</u>
<u>関索引で「文学共通区分に相当する言葉」を引くと，「9 □〈文学共通区分の記号〉」と</u>
<u>いうかたちで立項されているので，この「□」の位置に言語区分を挿入します。</u>

　　たとえば，『千夜一夜物語』は「小説＋アラビア語（言語区分）」と主題分析できます。
相関索引で「小説」を引くと「小説　９□３」とあるので，この「□」の位置に言語区分
のアラビア語「－２９７６」を挿入でき，分類記号は「９２９．７６３」となります。

　　ただし，言語区分が「二つ以上の言語の集合」に割り当てられているものは，文学共通
区分を後ろに合成できないし，「□」の位置に言語区分を挿入することもできません。

【１ｃ】 なお，<u>言語区分は原著作の言語にしたがって割り当てます。</u>

　　　例　『Kafka on the Shore』

　　　　９１３．６５（日本語の小説で近代の平成）　　　　（×９３３．７　　英語の小説で20世紀以降）

＊本書は，村上春樹著『海辺のカフカ』（2002年初版）の英語訳ペーパーバックですが，
原著作の言語である日本語で，言語区分を割り当てます。

【２】 <u>文学共通区分の全集（－８）は，個人または複数作家の，作品形式を特定できない</u>
<u>全集に用います。</u>作品形式を特定できるのならば，そのもとに収めて，形式区分の全集
<u>（－０８）を用います。</u>

例　　『夏目漱石全集』

　　　　9　＋　1　＋　**8**　＋　68　　→　　**918.68**

　　　（言語区分：日本語）（文学共通区分：全集）（時代別の区分け：近代の個人全集）

　　　例　　『夏目漱石小説全集』

　　　　9　＋　1　＋　3　＋　61　＋　**08**　→　　**913.6108**

　　　（言語区分：日本語）（文学共通区分：小説）（時代別の区分け：近代で明治）（形式区分：全集）

＊前者の『夏目漱石全集』は，小説・評論・随筆・俳句など漱石の作品すべてを網羅している全集なので作品形式は特定できません。後者の『夏目漱石小説全集』は，小説のみを集めた全集ゆえ，作品形式を小説と特定できています。

【3】 9類の901（文学理論・作法）から909（児童文学研究）まで，言い換えれば，言語区分の位置に0（零）が置かれて言語区分が不在のものは，言語を特定しない（あるいは特定できない）主題を表しています。

　　　例　　『ノーベル文学賞』

　　　　902.05（言語を特定しない文学史で，近代のもの）

　　　例　　『世界幻想文学大系』

　　　　908.3（言語を特定しない作品集で，小説のみを集めたもの）

【3a】 9類で，言語は特定しているものの，文学共通区分の位置に文学共通区分が不在のものは，作品形式を特定しない（あるいは特定できない）主題を表しています。このとき「文学史」の項には，近代以降の小説家の，伝記・研究も収めます（第12章 p 87参照）。

　　　例　　『大江健三郎論』

　　　　910.268（日本文学の文学史で近代，一人の小説家の伝記・研究は文学史に収載）

　　　例　　『国文学研究大成』

　　　　910.8（日本文学研究の著作集で，研究対象の作品形式も時代も特定しないもの）

ただし，言語は特定しているものの，作品形式を特定しないで，(主題を論じたものではなく）作品そのものを集めているものに対しては，文学共通区分の全集「－8」を適用します。前項【2】も参照のこと。

　　　例　　『現代日本文学全集』

　　　　918.6（複数作家による作品集で，作品形式を特定しない，近代以降のもの）

　　　例　　『夏目漱石全集』

　　　　918.68（一人の作家による作品集で，作品形式を特定しない，近代以降のもの）

なお，文学の「特定の作品単体」と「その特定作品の研究書」とは，同一の分類記号となります。分類規程の「原著作と関連著作」が適用されるのです（第11章 p 76参照）。

8.2. 地域的論述の細区分（固有補助表）

地域的論述の細区分——正式名称は，各国・各地域の地理，地誌，紀行における共通細区分表——は，地域別での「地理の主題」を細区分するものです。右に，すべての項目を示しました。

地域的論述の細区分は，２９綱（地理・地誌・紀行）で用います。

【１】 分類記号２９０（地理・地誌・紀行）に地理区分を施すと，結果として，２９１から２９７までの範囲が，各国・各地域の地理・地誌・紀行となって地域別での「地理の主題」が生成されます。この地域別での「地理の主題」に（固有補助表の）地域的論述の細区分が合成でき，もう一段の細分を施すことが可能なのです。

地域的論述の細区分（全）	
－０１３	景観地理
－０１７	集落地理
－０１７３	都市地理
－０１７６	村落地理
－０１８９	地名
－０２	史跡. 名勝
－０８７	写真集
－０９	紀　行
－０９１	探検記
－０９２	漂流記
－０９３	案内記

つまり，２９綱（地理・地誌・紀行）は，８類の「８＋言語区分＋言語共通区分」，９類の「９＋言語区分＋文学共通区分」と同様の構造をもっていることが分かります。

２９　＋　地理区分　＋　地域的論述の細区分

例 『アフリカ紀行』

　　２９　　＋　　４　　＋　　０９　　→　　**２９４.０９**

（２９綱）（地理区分：アフリカ）（地域的論述の細区分：紀行）

例 『城下町とその変貌：筋（すじ）と辻子（ずし）をめぐって』

　　２９　　＋　　１　　＋　　０１７３　　→　　**２９１.０１７３**

（２９綱）（地理区分：日本）（地域的論述の細区分：都市地理）

【２】 地域的論述を扱った主題の分類記号は，相関索引からも求めることができます。相関索引で「地域的論述の細区分に相当する言葉」を引くと，「２９ △ 〈地域的論述の細区分の記号〉」で立項されているので，この「△」の位置に地理区分を挿入します。

たとえば，『アフリカ紀行』は，「紀行＋アフリカ（地理区分）」と主題分析できます。相関索引には「紀行（地誌）　２９△０９」とあるので，この「△」の位置に地理区分のアフリカ「－４」を挿入して，２９４.０９となります。

なお，相関索引で「地図　２９△０３８」とあるとき，この「－０３８」は地域的論述の細区分ではなく，形式区分です。

【2a】紀行（旅行記・見聞記・印象記・滞在記など）のうち，**文学者の手になる紀行文**は地域にかかわりなく9類へ収めます。相関索引には「紀行（文学）　9□5」とあり，この「□」の位置に言語区分を挿入することでも分類記号を求められます。

> 例　英国の小説家・チャールズ＝ディケンズ（1812－1870）の『アメリカ紀行』
>
> 　　9　＋　<u>3</u>　＋　5　＋　6　→　**935.6**
>
> 　　　　（9類）（言語区分：英語）（文学共通区分：紀行）（時代別の区分け：18－19世紀）

紀行で，特定の意図をもつ視察旅行は，その主題に収めて地理区分を適用します。

> 例　『ヨーロッパ美術紀行』
>
> 　　**702.3**（美術史 ＋ 地理区分：ヨーロッパ［注記で「＊地理区分」指示あり］）

紀行で，土地や風土のことよりも社会事情を主として評論的な考察が加えられていると判断されれば「302　政治・経済・社会・文化事情」に収めることがあります。

【3】29綱の290.1（地理学．人文地理学．地誌学）から290.93（旅行案内記）まで，換言すれば，地理区分の位置に地理区分が不在のものは，国や地域を特定しない（あるいは特定できない）地理・地誌・紀行を表しているものです。

> 例　『地球一周の船旅：ピースボート乗船記』
>
> 　　**290.9**
>
> 例　『世界の城郭都市』
>
> 　　**290.173**

［注記］29綱は，地理学一般，人文地理，各国・各地域の地理・地誌・紀行を収めます。特定主題のもとで個別地域を論ずるものは，その主題に収めて地理区分を適用。地域を定めなければ形式区分「－029」を適用します。自然地理学は「450　地学」です。

8.3. その他の固有補助表

【1】神道細区分

神道細区分——正式名称は，神道各教派の共通細区分表——は，神道各教派（178）で用います。右に，すべての項目を示しました。

> 例　『黒住 宗忠 伝』
>
> ＊黒住宗忠（1780－1850）は，黒住教の教祖。
>
> 　　178.6　＋　2　→　**178.62**
>
> 　　　　（黒住教）　（神道細区分：教祖.伝記）

神道細区分（全）
－1　教義
－2　教史．教祖．伝記
－3　聖典
－4　信仰・説教集．霊験．神佑
－5　教会．教団．教職
－6　祭祀．行事
－7　布教．伝道

【２】仏教細区分

仏教細区分——正式名称は，仏教各教派の共通細区分表——は，仏教各教派（１８８）で
用います。下（左側）に，すべての項目を示しました。

　　例　『永平寺 縁起』

＊吉祥山永平寺（きちじょうざん えいへいじ）は，福井県にある曹洞宗の総本山。

　　　　１８８.８　＋　５　→　１８８.８５

　　　（曹洞宗）　（仏教細区分：寺院）

仏教細区分（全）
－１　教義. 宗学
－２　宗史. 宗祖. 伝記
－３　宗典
－４　法話・語録. 説教集
－５　寺院. 僧職. 宗規
－６　仏会. 行持作法. 法会
－７　布教. 伝道

キリスト教細区分（全）
－１　教義. 信条
－２　教会史. 伝記
－３　聖典
－４　信仰録. 説教集
－５　教会. 聖職
－６　典礼. 儀式
－７　布教. 伝道

【３】キリスト教細区分

キリスト教細区分——正式名称は，キリスト教各教派の共通細区分表——は，キリスト教
各教派（１９８）で用います。上（右側）に，すべての項目を示しました。

　　例　『ルーテル教会史』

＊ルーテル教会（ルター派教会）は，ルター（1483－1546）に共鳴する信徒の教会。

　　　　１９８.３８５　＋　２　→　１９８.３８５２

　　　（ルター派教会）（キリスト教細区分：教会史）

【４】日本地域史の時代細区分

日本地域史の時代細区分——正式名称は，日
本の各地域の歴史（沖縄県を除く）における
時代区分——は，日本史（２１１／２１９）
で用います。右には，すべての項目を示しま
した。

日本地域史の時代細区分（全）
－０２　原始時代
－０３　古代
－０４　中世
－０５　近世
－０６　近代

　　例　『大和の歴史：平城京遷都』

　　　　２１６.５　＋　０３　→　２１６.５０３

　　　（奈良県の歴史）（日本地域史の時代細区分：古代）

【5】技術・工学の産業化細区分

技術・工学の産業化細区分——正式名称は，各種の技術・工学における経済的，経営的観点の細区分表——は，技術・工学（５１０／５８０）で用います。右に，すべての項目を示しました。

「経済的・経営的観点」とは，主題に対する観点を変換して経済的・経営的な側面から見るといった意味合いです。つまり，この固有補助表は，５類の技術・工学を「産業種別」

や「経済活動」として位置付ける働きをしているのです。

適用は５類（５１０／５８０）のみですが，かなり広域に及ぶので，要注意です。

> 例　『半導体産業』
>
> ５４９．８　＋　０９　→　５４９．８０９
>
> （半導体素子＜電子工学）（技術・工学の産業化細区分）

> 例　『建築基準法：逐条解説』
>
> ５２Ø　＋　０９１　→　５２０．９１　（既設項目）
>
> （建築学）（技術・工学の産業化細区分：法令）

> 例　『アメリカ航空宇宙産業』
>
> ５３８　＋　０９２　＋　５３　→　５３８．０９２５３
>
> （航空宇宙工学）（技術・工学の産業化細区分：事情）（地理区分：アメリカ）

＊固有補助表「-０９２」には「＊地理区分」の指示があります。

> 例　『炭鉱労働』
>
> ５６７　＋　０９６　→　５６７．０９６　（既設項目）
>
> （石炭＜鉱山工学）（技術・工学の産業化細区分：労働）

【6】建築の図集細区分

建築の図集細区分——正式名称は，様式別の建築における図集——は，建築様式（５２１／５２３）で用います。右に，すべての項目を示しました。

建築の図集細区分（全）

-０８７　建築図集

図集とは，ビジュアルな図版を主体に構成された，鑑賞のための冊子体の印刷物です。

> 例　『白鳳時代の建築図集』
>
> ５２１．３４　＋　０８７　→　５２１．３４０８７
>
> （日本の白鳳時代の建築）（建築の図集細区分）

【7】　美術の図集細区分

美術の図集細区分——正式名称は，写真・印刷を除く各美術の図集に関する共通細区分表——は，写真・印刷を除いた，各美術（７００／７３９，７５０／７５９）で用います。

右に，すべての項目を示しました。「写真・印刷を除く」のは，７４０（写真）にはすでに写真集（７４８）の項目があるからです。

> **美術の図集細区分**（全）
>
> －０８７　　美術図集

> 例　『日本画名画集』
>
> 　　　７２１　　　＋　　　０８７　　　→　　　７２１.０８７
>
> 　（日本画）　　　（美術の図集細区分）

8.4. 注記での指示で 補助表に類似した合成

補助表と類似した合成をするものがあります。下記の２項目ですが，注記での指示で，<u>綱目表の分類記号（２桁）</u>を合成して細分化できるのです。補助表ではありませんが，補助表の働きと似ているところから，ここで取り上げます。

【1】　<u>専門図書館（０１８）</u>

当該項目の本表（細目表）に注記で「＊綱目表に準じて細分」の指示があります。

> 例　『医学図書館』
>
> 　　　０１８　　　＋　　　４９　　　→　　　０１８.４９
>
> 　（専門図書館）　　　（綱目表：医学）

> 例　『東洋文庫』＊東洋文庫は，東洋史研究の専門図書館。東京都文京区に所在。
>
> 　　　０１８　　　＋　　　２２　　　→　　　０１８.２２
>
> 　（専門図書館）　　　（綱目表：東洋史）

【2】　<u>各種の建築（５２６）</u>

やはり当該項目の本表（細目表）に注記で「＊綱目表に準じて区分」の指示があります。

> 例　『病院建築』
>
> 　　　５２６　　　＋　　　４９　　　→　　　５２６.４９
>
> 　（各種の建築）　　（綱目表：医学）

> 例　『店舗設計』
>
> 　　　５２６　　　＋　　　６７　　　→　　　５２６.６７
>
> 　（各種の建築）　　（綱目表：商業）

■

8 演習問題 補助表（4）
文学共通区分・地域的論述の細区分・その他の固有補助表

問い1 分類記号を与えよ。

① 『マッチ売りの少女』

デンマークの文学者・アンデルセン（1805 − 1875）が，1848年に発表した童話。

② 『悪の華』

フランスの詩人・ボードレール（1821 − 1867）がものした詩集。1857年に初版発行。

*詩人の「一編の詩」が複数集められ（一定期間の創作活動が集約されて）「一冊の詩集」となるわけですが，分類法では，この単行本の「詩集」をもって，ひとつの「作品」とします。既刊の「詩集」が網羅され，一人の詩人の生涯にわたる創作活動が集大成されて「全詩集」が編まれたときに，分類法では，ここで初めて「作品集」と捉えます。「歌集」「短編集」「書簡集」なども同様で，それらの単行本はひとつの「作品」とみなしています。

③ 『ナボコフ×ウィルソン 往復書簡集：1940 − 1971』

ロシア生まれでアメリカに帰化した作家・ウラジーミル＝ナボコフ（1899 − 1977）と，アメリカの文芸批評家・エドマンド＝ウィルソン（1895 − 1972）。二人の友情の記録。

*本件は，作家と批評家のあいだで交わされた手紙を時系列でまとめた単行本です。二人の共同作業で生み出された，ひとつの「作品」ととらえます。二人の作者による，二つの著作が収録されているものとは考えません。

④ 『ぐりとぐら』

双子の野ねずみを主人公とする，中川李枝子（作）・山脇百合子（絵）による絵本。

⑤ 『南極大陸探検記』

日本人で初めて南極上陸に成功した白瀬矗（しらせ のぶ，1861 − 1946）が綴る探検記。

⑥ 『アイヌ語地名で旅する北海道』

アイヌ語の音に漢字を当てた北海道の地名。地図を手に訪ねゆく，旅歩き的学術考査。

⑦ 『ブレヒト戯曲全集』

ドイツの劇作家・ベルトルト＝ブレヒト（1898 − 1956）の，戯曲のみの個人全集。

⑧ 『ヘルマン＝ヘッセ全集』

ドイツの文学者・ヘルマン＝ヘッセ（1877 − 1962）の，全作品を網羅した個人全集。

⑨ 『教会建築：天と地をつなぐ祈りの空間』

キリスト教信仰の表現として屹立する教会建築，その歴史や特徴を読み解く。

⑩ 『木造校舎』

時代や地域の特色を色濃く反映させた，失われゆく木造建築の学び舎を訪ねて。

問い2 分類記号を与えよ。

① 『悪魔の辞典』

　　米国の作家・ビアス（1842 - ？）の風刺文学。辞典の体裁で，さまざまな言葉にアイロニー溢れる再定義を下した。著者のビアスは，1913年以降にメキシコで消息を絶った。

② 『ソヴェト旅行記』

　　仏の作家・アンドレ＝ジッド（1869 - 1951）が，1936年にソ連（当時）を訪れたときの旅行記。小松清（1900 - 1962）の訳による岩波文庫版。「ソヴェト」の表記は訳書のまま。

③ 『海からの花嫁：ギリシア神話研究の手引き』

　　海の女神との結婚譚などのギリシア神話を読み解き，神話研究の主要理論を解説。

④ 『コナン＝ドイル本邦未紹介小説全集』

　　コナン＝ドイル（1859 - 1930）は，英の推理小説家。個人作家の，作品形式特定の著作集。

⑤ 『決定版 三島由紀夫全集』

　　三島由紀夫（1925 - 1970）は，作家。個人作家の，作品形式を特定できない著作集。

⑥ 『村上春樹「1Q84」の世界を深読みする』

　　村上春樹（1949 - ）の小説『1Q84』（2009年初版）を，気鋭の批評家らが読み解く。

⑦ 『池澤夏樹個人編集 日本文学全集』

　　作家・池澤夏樹（1945 - ）が，独自の審美眼で選んだ，古典から近現代の著作まで。複数作家による，作品形式も時代別の区分けも特定できない，日本文学の著作集。

⑧ 『中央公論社版 日本の名著』

　　荻生徂徠，鈴木大拙，大杉栄，吉野作造，安藤昌益，本居宣長，二宮尊徳など，主題は多岐にわたるものの，体系的に編集されている，複数の思想家の著作集。

⑨ 『オバマ演説集』

　　第44代米国大統領・バラク＝オバマ（1961 - ）。大統領就任演説，核兵器廃絶を訴えたプラハ演説，原爆ドーム前での広島演説など，歴史に残るスピーチを和文対訳で収録。

⑩ 『おもしろ雑学ゼミナール』

　　主題が多岐にわたる，系統的でない一口知識を集めた，非体系的な編集の文集。

⑪ 『金沢めぐり：週末に行く自分だけの旅』

　　旅先で小さな贅沢を見つけるために。石川県金沢市の観光メニューとモデル＝コース。

⑫ 『金沢の史蹟・名勝：沿革考証』

　　史跡は，古墳・城跡・旧宅など，歴史的理解に欠かせないものをいう。名勝は，峡谷・湖沼・海浜など，歴史的経緯のある，風致景観に優れた場所のこと，あるいは，庭園・橋梁・築堤など，人為的に構成されて風光明媚な，歴史的価値の高いところをいう。文化財保護法においては，文化財の種類の一つとして規定されている「記念物」のなかで，国によって重要とみなされて「史跡」「名勝」と指定されたものをいう。

■

相関索引での△記号と□記号

28△031　人物書誌
28△033　人名辞典
28△035　人名録，紳士録，役員録，職員録
28△038　肖像集
28△07　　伝記作法
28△08　　逸話集
29△017　集落(地理学)
29△0173　都市(地理学)
29△0176　村落(地理学)
29△0189　地名
29△02　　史跡名勝，史跡(地理学)，名勝
29△033　地名辞典
29△038　地図，絵図
29△087　写真集(地理)
29△09　　紀行(地誌)
29△091　探検記
29△092　漂流記
29△093　案内記(地理)，旅行案内，温泉案内(地理)，公園案内(地理)，名勝案内
8□1　　音韻，文字，音調(言語学)，イントネーション，アクセント，言語形態学
8□2　　語源，語義，意味
8□3　　辞典(言語)，辞書(言語)
8□4　　語彙，単語，類語，慣用語，古語，標準語，反意語，同義語，同音語，同音異義語，
　　　　反義語，俗語，スラング，熟語，合成語，語構成，流行語，故事熟語，児童語，位相，
　　　　隠語，階級語，新語，外来語，略語
8□5　　文法，語格，品詞，名詞，動詞，形容詞，副詞，接続詞，数詞，語法，冠詞，間投詞，
　　　　代名詞，態(言語学)，分節法
8□6　　文章，文体，作文，比喩法，修辞法，日記文作法，書簡文作法
8□7　　読本，解釈
8□78　会話
8□8　　方言，訛語，俚語，［卑語］　＊「卑語」は新訂10版第3刷で削除
9□1　　詩歌(文学)，詩(文学)，散文詩，韻文，風刺詩，抒情詩，劇詩，歌詞，アンソロジー，
　　　　叙事詩
9□18　児童詩，童詩，童謡(文学)
9□2　　戯曲(文学)，喜劇(文学)，悲劇(文学)，シナリオ(文学)，脚本，テレビドラマ(文学)，
　　　　ラジオドラマ(文学)，詩劇(文学)，史劇(文学)，劇文学，放送ドラマ(文学)
9□28　児童劇(文学)，童話劇
9□3　　小説，日記体小説，書簡体小説，社会小説，実験小説，心理小説，新聞小説，推理小説，
　　　　ＳＦ，歴史小説，私小説，大河小説，冒険小説，ユーモア小説，教育小説，家庭小説，
　　　　物語，怪談，科学的空想小説，科学小説，風俗小説，探偵小説，コント(文学)，
　　　　大衆小説，怪奇小説
9□38　童話，お伽噺(文学)
9□4　　評論，エッセイ，随筆
9□5　　日記(文学)，書簡，紀行(文学)，尺牘
9□6　　記録文学，手記，ルポルタージュ，ドキュメンタリ文学，報告文学，戦記(文学)
9□7　　アフォリズム，寸言，警句，寓話(文学)
■

⑨ 補助表に関する総合演習問題

問い1 下線部分の空欄にもっとも適切な語句または数字をしるせ。

（1） 形式区分を適用する場合には，本表の分類記号の末尾の＿＿＿＿＿＿（数字）をすべて取り去ってから付与する。本表で，**角カッコ記号で示される短縮指示**にも注意が必要である。形式区分付与の例外として，①**下位で時代別の区分けが展開されている場合**と，②**外交と貿易史・事情**での＿＿＿＿＿＿関係と区別する場合に，＿＿＿＿＿＿（数字）を重ねて付与する。

（2） 地理区分は，原則として，形式区分（地域的論述）の＿＿＿＿＿＿（数字）を介してから付与する。ただし，本表に「＊＿＿＿＿＿＿＿」の指示があれば，そのまま付与できる。また，本表で「＊＿＿＿＿＿＿＿＿＿＿」の指示があるときには，地理区分から「日本」を意味する＿＿＿＿＿（数字）を省いたうえで，直に付与できる。

（3） 相関索引で，分類記号のなかに「□」を含むものは，その位置に＿＿＿＿＿＿＿を挿入できる。ただし，「**二つ以上の言語の集合**」に割り当てられているものは挿入できないことに注意。また，「△」を含むものは，その位置に＿＿＿＿＿＿＿＿＿を挿入できる。

（4） 言語関係資料の分類記号は，8 ＋ ＿＿＿＿＿＿＿ ＋ ＿＿＿＿＿＿＿＿＿，というかたちで生成される。さらに，必要に応じて形式区分や地理区分を付与することがある。ただし，**言語共通区分は「二つ以上の言語の集合」には付与できない**ことに注意。

（5） 言語共通区分の「辞典」＿＿＿＿（数字）は語釈の辞典に，形式区分の「辞典」＿＿＿＿（数字）は特定の研究テーマを扱った辞典に用いる。

（6） 文学作品と文学に関する研究書の分類記号は，9 ＋ ＿＿＿＿＿＿＿＿（原著作の言語による）＋ ＿＿＿＿＿＿＿＿＿＿＿，というかたちで生成される。その後に，**注記の指示で時代別の区分けを展開する**ことがあり，さらに必要に応じて＿＿＿＿＿＿＿も付与できる。

（7） 文学共通区分の「全集」＿＿＿＿（数字）は作品形式を特定できない全集に用い，**付与した後に**，必要に応じて時代別の区分けを施す。形式区分の「全集」＿＿＿＿（数字）は特定の作品形式のみの全集に用い，**付与する前に**，必要に応じて時代別の区分けを施す。

（8） 地域的論述（各国・各地域の地理・地誌・紀行）の資料は，29 ＋ ＿＿＿＿＿＿＿ ＋ 地域的論述の細区分（固有補助表），というかたちで分類記号が生成される。ただし，地域的論述のうち，**文学者の手になる紀行文は9類に収める**。

選択肢のなかでもっとも適切な分類記号を選び，冒頭のローマ字を〇印で囲め。

① 『自然科学 総合研究センター 基盤整備 概要』

    a．400.076   b．400.76   c．407.6   d．476

② 『三社祭』 ＊三社祭（さんじゃまつり）は，東京都台東区の浅草神社の例大祭。

    a．210.09   b．386.021361   c．386.1361   d．386.361

③ 『詳解 タイ語文法』

    a．823.7   b．823.75   c．829.36   d．829.365

④ 『印度の神々』

    a．160.0225   b．160.225   c．160.25   d．162.25

⑤ 『講座 日本の歴史』

    a．210.008   b．210.08   c．210.8   d．218

⑥ 『音楽図書館：楽譜からＣＤまでの音楽関係コレクションの世界』

    a．018.76   b．375.76   c．760.6   d．761.13

⑦ 『フランス債権法』

    a．324.40235   b．324.435   c．324.935   d．329.84

⑧ 『大阪弁入門』

    a．816.38   b．818.02163   c．818.163   d．818.63

⑨ 『ゴドーを待ちながら』

    ＊アイルランド出身でフランスの劇作家・ベケット（1906－1989）の不条理演劇作品。ベケットの第二言語である
仏語でしるされ，1953年初演。安堂信也（1927－2000）訳。

    a．912.6   b．950.26   c．952.6   d．952.7

⑩ 『イタリア紀行』 ＊ドイツの文学者・ゲーテ（1749－1832）の伊紀行。相良守峯（1895－1989）訳。

    a．290.90237   b．293.709   c．945.6   d．975

⑪ 『朝鮮民話選集』

    a．388.022108   b．388.2108

                             c．388.29108   d．929.1308

⑫ 『鉄腕アトム：名作完全復刻版』

    a．007.13   b．492.89   c．548.3   d．726.1

問い3 分類記号の意味するところを，適切な言葉で説明せよ。

① 0 3 8 . 9 9 9 9 1
② 1 9 8 . 9 7 9 7
③ 2 9 7 . 4 2 0 9 3
④ 3 3 3 . 8 2 5 8 7
⑤ 4 9 2 . 4 3 3 8
⑥ 5 6 6 . 7 8 0 9 6
⑦ 6 7 8 . 9 6 1 3
⑧ 7 6 4 . 3 9 7 5
⑨ 8 2 9 . 4 4 0 2
⑩ 9 0 2 . 0 0 3 3

問い4 分類記号の意味するところを，適切な言葉で説明せよ。

① 0 2 7 . 2 1
② 0 8 8 . 9 5
③ 1 7 5 . 9 9 9
④ 1 9 1 . 9 8 0 2 5 5
⑤ 2 7 4 . 2
⑥ 2 8 1 . 6 3 0 3 5
⑦ 3 7 5 . 3 3 3
⑧ 3 8 7 . 9 5 3 6 2
⑨ 4 0 7 . 6
⑩ 4 5 1 . 2 4 7
⑪ 5 2 6 . 3 3
⑫ 5 8 8 . 5 5 0 9 2 3 5
⑬ 6 6 4 . 1 3 8 9 4 0 5 9
⑭ 6 7 8 . 2 2 1 0 3 6 9
⑮ 7 2 8 . 2 1 4 8
⑯ 7 5 2 . 0 8 7
⑰ 8 7 5 . 6 6 0 3 8
⑱ 8 9 3 . 6 2 7 8 0 7 8
⑲ 9 0 8 . 3 8
⑳ 9 1 3 . 3 2 0 3 1

■

10 分類規程（1）
複数主題（対等と相互作用）

分類規程は，分類記号を適用するさいのルールです。補助表の記号合成に関する作業指針も含むものです。ここでは分類規程として，二章にわたり「複数主題」の対処方法を説明し，第12章では「伝記」での取り決めを解説します。

10.1. 複数主題

一つの資料で複数の独立した主題が扱われている「複数主題」の対処方法について，本書では，主題同士の関係性を類型化して説明を加えます。まず第10章では「対等の関係」と「相互作用の関係」を，次の第11章で「重点処置の関係」を扱います。また「原著作と関連著作」について，その関係性は複数主題と同じように考えることができるので，やはり第11章で論じています。

　参考までに，二つの独立した主題を「と」の文字で連結して一つにまとめた分類項目も用意されており，本表（細目表）で，情報と社会（００７.３），国家と宗教（３１６.２），人口と食糧（３３４.３９），医学と心理（４９０.１４），環境と企業（５１９.１３），放送と社会（６９９.８）などが提示されています。

10.2. 対等の関係

数件の主題が論じられながら，いずれも対等に扱われている「対等の関係」では，扱っている主題の数で判断します。この分類規程は，複数の作品を収録した図書において，収録作品の個別タイトルをそのまま並べて標題としているものにも適用されます。

【1】 対等に扱われていて，**主題が４つ以上の場合は，一つ上位の主題で分類します。**
　　　例　『おいしいな！ バナナ・パパイヤ・マンゴー・ドリアン』
　　　　　６２５.８（熱帯果樹）
＊バナナ・パパイヤ・マンゴー・ドリアンという，４種類のトロピカル＝フルーツを対等に紹介しているので，それらを束ねる一つ上位の「熱帯果樹（**６２５.８**）」で分類します。

【2】対等に扱われていて，<u>多くのなかの２つまたは３つの主題が取り上げられている場合</u>は，**標題に最初に表示されている主題**で分類します。

> 例 『おいしいな！　バナナ・パパイヤ・マンゴー』
> **６２５.８１**（バナナ）

＊バナナ・パパイヤ・マンゴーという，３種類のトロピカル＝フルーツを対等に紹介しているので，標題に最初に表示されている「バナナ（**６２５.８１**）」で分類します。

【2a】ただし，<u>ある主題の下位区分が２つのみ，あるいは３つのみから成り立っている場合</u>は，当該資料でそれら２つ，あるいは３つの主題が対等に扱われていたとしても，最初に表示されている主題ではなく，それらを束ねる上位の主題で分類します。

> 例 『琵琶湖の動物誌・植物誌』
> **４６２.１６１**

＊本書は，滋賀県にある琵琶湖の，「動物誌（**４８２**）」と「植物誌（**４７２**）」を対等に論じているのですが，動物誌と植物誌のみを下位区分として構成されている，上位概念の「生物誌（**４６２**）」に分類します。なお，当該分類記号の注記に「＊地理区分」の指示があり，地理区分の滋賀県「－１６１」をそのまま合成しています。

> 例 『徹底図解 陸自・海自・空自：日本の防衛戦略を担う精鋭たち』
> **３９２.１０７６**

＊自衛隊の部隊および機関は，陸海空の領域別に組織されています。最初に表示されている「陸上自衛隊（**３９６.２１**）」ではなく，陸自・海自・空自の３項目のみを束ねる上位概念の「自衛隊（**３９２.１０７６**）」で分類します。

10.3. 相互作用の関係

二つの主題が論じられ，そのあいだに何らかの相互作用が認められれば，すなわち「作用を与える側」と「作用を受ける側」という関係にある場合には，<u>「作用を受ける側」の主題で分類します</u>。この相互作用の関係には，次の四つのケースがあります。

【1】影響関係

> 影響を与える ——→ 影響を受ける

二つの主題のあいだに，「影響を与える」と「影響を受ける」という影響関係が認められる場合には，「影響を受ける」側の主題で分類します。

> 例 『ベトナム戦争とアメリカ経済』
> ベトナム戦争（**２２３.１０７**）——→ アメリカ経済（**３３２.５３**）

＊本書は，アメリカが介入し長期化したベトナム戦争が，ドルの価値を揺るがしアメリカ経済を疲弊させたことを論じているので，影響を与えた「ベトナム戦争（２２３．１０７）」ではなく，影響を受けた側の「アメリカの経済史・事情（３３２．５３）」で分類します。

【１ａ】 ただし，個人の思想・業績が多数人に影響を及ぼしている場合には，影響を受けた側が拡散して特定できないので，例外として影響を与えた個人の側で分類します。

　　　　個人の思想・業績が影響を与える ──→ 多数人が影響を受ける

　　　例　『ドストエフスキーと日本人』
　　　　　ドストエフスキー（９８０．２６）──→ 日本の文学者たち（９１０．２６）

＊本書は，ロシアの小説家・ドストエフスキー（1821－1881）が，日本の文学者たちに与えた影響を論じているものなので，影響関係の例外として，影響を受けた「日本の文学者たち（９１０．２６　作品形式を特定できない，近代の日本文学者の列伝）」ではなく，影響を与えた「ドストエフスキー（９８０．２６　露文学史で18－19世紀）」で分類します。

【２】 因果関係

　　　　原　因 ──→ 結　果

二つの主題のあいだに，「原因」と「結果」という因果関係が認められる場合には，「結果」の側にある主題で分類します。

　　　例　『大気の汚染と気候変動』
　　　　　大気汚染（５１９．３）──→ 気候変動（４５１．８５）

＊本書は，地球温暖化などの気候の変化は，大気汚染が原因でもたらされたと解説しているものなので，原因である「大気汚染（５１９．３）」ではなく，結果としてもたらされた「気候変動（４５１．８５）」で分類します。

　影響関係と因果関係はよく似ていますが，影響関係は人文・社会系の主題，因果関係は自然科学系の主題で線が引かれています。

【３】 理論と応用の関係

　　　　理　論 ──→ 応　用

二つの主題のあいだに，「理論」とその「応用」という関係性が認められる場合には，「応用」の側にある主題で分類します。

　　　例　『光学と光学機器』
　　　　　光学（４２５）──→ 光学機器（５３５．８）

＊本書は，光のさまざまな性質を研究する光学理論と，その応用である望遠鏡・顕微鏡・カメラなどの光学機器を論じているものなので，理論の「光学（４２５）」ではなく，応用の側の「光学機器（５３５．８）」で分類します。

【4】 包含関係（概念の上下関係）

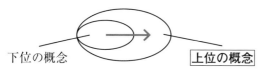

下位の概念　　　　　　　　　　上位の概念

二つの主題のあいだに，「上位の概念」と「下位の概念」という，概念の上下関係が認められ，明らかに上位の概念が下位の概念を包含している場合には，下位の概念からの作用を上位の概念が受け止めていると解釈して，下位の概念を包含している「上位の概念」の側にある主題で分類します。

例　『都市景観の創造と屋外広告物の規制』

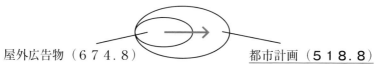

屋外広告物（６７４.８）　　　　　　都市計画（５１８.８）

＊本書は，交通・区画・住宅・衛生・保安などを総合した，美しく快適な街づくりを計画的に目指すなかで，景観の構成要素の一つである屋外広告物の表示ルールを論じているものなので，下位概念の「屋外広告物（６７４.８）」を包含している，上位概念の「都市景観の計画的創造」すなわち「都市計画（５１８.８）」で分類します。

　分類は，原則として，より特定性の高い，下位の項目の記号を付与するのですが，同じカテゴリのなかにある，上位概念と下位概念の双方が一緒に扱われている場合には，この包含関係の分類規程にしたがって，上位の概念のところに止めおくかたちとなります。

■

演習問題 分類規程（1） 複数主題（対等と相互作用）

問い1 分類記号を与えよ。

① 『和食・中華・エスニック』

和食を始め，日本人向けにアレンジした中華やエスニック料理の調理方法を解説。

② 『保元物語・平治物語・平家物語・太平記』

合戦を主として時代の展開を写した，鎌倉・室町時代の叙事詩的文学4作品を収録。

③ 『黒人霊歌，そしてジャズ』

ジャズの音楽性は黒人霊歌からの影響が大きいことについて論じたもの。

④ 『インフレ・デフレで株価はこう動く』

インフレやデフレは株式相場にどう響くのか。景気変動の影響下での株式投資の理論。

⑤ 『過労による不眠症』

慢性的なオーバーワーク（産業疲労）がもたらす，安眠を妨げる病理。

⑥ 『漂砂と海岸浸蝕』

漂砂（ひょうさ，海岸線に沿って流動する土砂）で複雑な侵食地形が生まれるメカニズム。

⑦ 『発達心理学を取り入れた生徒指導』

発達心理学の理論的裏付けをふまえた，生徒指導の実践一問一答。

⑧ 『電磁波の理論と応用』

電磁波の基礎理論と，その応用分野とを分かりやすく解説。

⑨ 『学習指導要領の精神と小・中学校における道徳教育科目の目標』

道徳の教科化と真摯に向き合う今こそ，学習指導要領の真髄を確たるものにと訴える。

⑩ 『社会保障の理念と失業保険の実態』

失業保険の運用上の問題点をみすえ，近代の社会保障全体の理念と制度設計を探る。

問い2 下記の表は，人物に関係する形式区分を整理したものである。これを参考にして，その下の資料に分類記号を与えよ。＊この問題は，第5章「補助表（1）形式区分」の復習です。

列伝	人名事典（辞典）	人名鑑（名鑑，人名録，人名簿，名簿）		
				団体 会員 名簿	研究調査 機関の 構成員名簿	教育・養成 機関の 構成員名簿
－028	－033	－035	－06	－076	－077

＊列伝（多数人の伝記）は，一つのテーマのもとで，複数の人物に関する長めの文章が伝記体でしる<u>されています</u>。人名事典（辞典）は，音順配列により千や万の単位の人物が立項されており，それぞれの記事は伝記体でしるされていますが，<u>文章量は短め</u>です。人名鑑（名鑑，人名録，人名簿，名簿）は，文章で人物を説明するのではなく，住所・電話番号・メールアドレス・勤務先・家族関係・趣味嗜好といった，人物に関する<u>データ</u>が配されているものをいいます。その人名鑑のなかで，メンバーとしてのくくりが明確にあれば団体会員名簿だし，勤務先の建物が存在すれば構成員名簿です。さらに構成員名簿は，建築物が調査研究機関か教育・養成機関かで，二分されています。

① 『製紙業を築いた人々』
　　明治期に日本の製紙工業はいかに立ち上がったのか，その開拓者たちの素顔。

② 『現代 川柳 作家名鑑』
　　川柳界で活躍する現代の作家たちの人名録。非売品。

③ 『天文学会 会員名簿』
　　天文学会の構成員名簿。正会員・準会員・団体会員・賛助会員の別あり。会員頒布のみ。

④ 『エンゼル洋裁学校 教職員録』
　　洋裁の専門学校であるエンゼル洋裁学校，そこに奉職する教職員の名簿。部外秘扱い。

⑤ 『音楽家人名事典』
　　クラシック音楽演奏家を中心に，音楽関係者約二千人を五十音順に配した人名事典。

■

分類規程（2）

複数主題(重点処置)と原著作・関連著作

11.1. 重点処置の関係

前章に引き続き，分類規程で複数主題を扱います。二つの主題を著者が論じているものの，論述のなかでの力点の置き方に軽重が認められれば，「重点的に扱われている側」の主題で分類します。この重点処置の関係には，次の三つのケースが考えられます。

【1】比較関係

比較の基準　▲　比較の対象

二つの主題のあいだで比較対照がなされている場合は，比較の基準として持ち出された主題の側ではなく，その基準にのっとって比較されている側，つまり「比較の対象となっている側」の主題で分類します。とりもなおさず，後者のほうに著者は論述の力点を置いていることになります。

例　『保護貿易か自由貿易か』

保護貿易（６７８.１２）　▲　自由貿易（６７８.１１）

＊本書は，保護貿易を基準に据えて比較対照すると，貿易の自由政策こそが国家の繁栄と人びとの幸福を導くと主張しているものなので，基準である「保護貿易（６７８.１２）」ではなく，著者が重きを置いて主張している「自由貿易（６７８.１１）」で分類します。

【2】手段と目的の関係

手　段　▲　目　的

特定の主題を目的に据えて，それを説明するために用立てられている手段としての主題という関係性が認められれば，重点の置かれている「目的の主題」の側で分類します。

【2a】Aを手段とする（目的の）B

例　『ショウジョウバエの遺伝実習』

ショウジョウバエ（４８６.９）　▲　遺伝実習（４６７.２）

＊本書は，ショウジョウバエを実験用素材とする実験遺伝学での実習方法が論じられています。いわば「ショウジョウバエを手段とする遺伝実習」と主題分析できることから，著

73

分類規程（2）　複数主題（重点処置）と原著作・関連著作

者が叙述上の目的とする「遺伝実習（４６７.２　実験遺伝学）」で分類します。手段の位置付けにある「ショウジョウバエ（４８６.９　蠅）」では，ありません。

　　例　『ねこ刺繍』

　　　　ペットの猫（６４５.７）　　　◢　　刺繍（**５９４.２**）

＊本書は，シャツのポケットから猫が顔をのぞかせている「ねこ刺繍」を紹介しています。刺繍糸の一本取りで一針一針，まるで生きているかのように再現された，個性豊かな猫の表情が魅力的ですが，ここでの猫はあくまでも素材モチーフです。「猫の図案を手段とする刺繍」と主題分析できるので，目的である「刺繍（５９４.２）」で分類します。

【２ｂ】Aを目的とする（手段の）B

　　例　『自画像の鑑賞』

　　　　自画像（**７２４.５５８**）　　◢　　絵画鑑賞法（７２０.７９）

＊自画像は，画家がみずからを見つめ，みずから描く肖像画です。本書は，藤田嗣治からゴーギャンまで，自意識と芸術表現との葛藤のうちに，自画像鑑賞の魅力を探ります。想定されるキーワードは「自画像」と「絵画鑑賞法」ですが，後者の絵画鑑賞法は，全般的・汎用的な絵画の鑑賞法のことです。本書は，自画像という特定ジャンルを対象に，その具体的・個別的な鑑賞法を述べているのです。いわば「自画像を目的とする（そのための手段としての）絵画鑑賞法」と主題分析できるので，目的である「自画像（７２４.５５８）」の側で分類します。

　　例　『災害ボランティア最前線』

　　　　災害救助（**３６９.３**）　　◢　　ボランティア活動（３６９.７　地域福祉）

＊本書は，自然災害の発生直後，インフラが復旧していない状況でも可能な，自立型のボランティア活動について，その心得や装備品のリスト，安全管理上の留意点などをまとめたものです。「災害時の対処を目的としたボランティア活動」と主題分析できるところから，個別事例の「災害救助（３６９.３）」で分類します

　「３６９.７　地域福祉」の項には注記があり，「＊ボランティア活動〈一般〉は，ここに収める；ただし特定の対象の場合は，各主題の下に収める」としるされています。個別事例を目的とするボランティア活動は，それぞれの主題のもとに分散して収めよと指示しているのです。このことからも，本件は個別事例である「災害救助（３６９.３）」の側で分類すべきことが分かります。

【２ｃ】ただし，「Aを目的とする（手段の）B」で，注意すべき点が二つあります。

　一つは，個別事例の側が明らかに複数の主題を含み，多様性を帯びて漠然としているケースです。この場合は例外的に，一般概念の側で分類記号を付与します。その旨は，多くの場合，本表（細目表）での注記に指示があります。

例 『百貨店の店頭広告』

　　　×百貨店（**６７３.８３**）　○店頭広告（**６７４.５３**）

例 『冠婚葬祭スピーチ事例集』

　　　×冠婚葬祭（**３８５**）　　○スピーチ事例集（**８０９.４**）

もう一つの注意点は，特定主題分野の読者を対象とする主題で，次項で詳説します。

【３】 特定読者層と対応する主題

特定読者層　　▲　　対応する主題

限られた主題分野の読者のみを対象に，いわば特定読者層を「目的」として，専門的に囲い込まれた主題が展開されている場合は，特定読者層を示す主題分野の側で分類します。ここでは，特定読者層も対応する主題も，双方ともに，専門的で囲い込まれていると判断できるので，そのときは「特定の読者層（を示す主題分野）」の側で分類するのです。

例 『ＣＡＤオペレーターのための Ｃ言語』

　　ＣＡＤ（**５０１.８**）　　▲　　Ｃ言語（**００７.６４**）

＊ＣＡＤ（computer aided design）は，コンピュータを用いた，工業製品や建築設備などの デザイン設計支援システムの意です。本書は，ＣＡＤシステムのオペレーターを対象に，プログラミング言語のＣ言語が，ＣＡＤ操作に特化したかたちで説明されています。そのため，主題である「Ｃ言語（**００７.６４**　プログラミング言語)」ではなく，特定読者層を示す主題分野の「ＣＡＤ（**５０１.８**　工業デザイン)」で分類します。

【３ａ】 ただし，①一般読者にも十分に活用できるか，あるいは ②対応する主題に汎用性ありと判断できる場合は，特定読者層のほうではなく，対応する主題の側で分類記号を与えます。

特定読者層　　▲　　対応する主題

この例外規程を次の三つのケースで確認します。

例 『高校生のための 初めて出会うＣ言語』

　高校の教育課程（**３７５.１９９**）　　▲　　Ｃ言語（**００７.６４**）

＊読者対象が「高校生」なので一般読者にも十分活用できると判断し，「高校の教育課程（**３７５.１９９**　コンピュータ教育)」ではなく，主題の側の「Ｃ言語（**００７.６４**)」で分類します。このケースでは，一方の特定読者層の側に汎用性が認められ，例外規程にあたるところから，対応する主題の側で分類するものです。

例 『ＣＡＤオペレーターのための 職場のあいさつ』
CAD（５０１.８）あいさつ（８０９.２　話し方＜言語生活）

＊対応する主題が日常生活での「あいさつ」なので，汎用性があるものと判断して，主題の側の「あいさつ（８０９.２　話し方＜言語生活)」で分類します。

例 『高校生のための あいさつ心得』
高校の教育課程（３７５.１）あいさつ（８０９.２　話し方＜言語生活)

＊読者対象が「高校生」で，対応する主題が日常的な「あいさつ」ゆえ，両者とも汎用性があるので，主題の側の「あいさつ（８０９.２　話し方＜言語生活)」で分類します。

【3ｂ】特定読者層と対応する主題は，双方とも専門性が高ければ「特定読者層を示す主題」の側，どちらか一方に汎用性が認められれば「対応する主題」の側で分類します。

11.2. 原著作と関連著作

【1】原著作と関連著作は，複数主題ではないのですが，複数主題における重点処置と同様の関係性が認められ，原著作の側に重点ありと判断できます。そこで，原著作に対する関連著作（**翻訳**・評釈・校注・批評・研究・解説・事典・索引など）については，原著作の側で分類します。言い換えるのならば，**関連著作には，原著作と同じ分類記号を与える**ということです。

原著作　　　　関連著作

例 『Kafka on the Shore』
　　　９１３.６５（日本語の小説で近代の平成）　　　　（×９３３.７　英語の小説で20世紀以降）

＊本書は，村上春樹著『海辺のカフカ』（2002年初版）を原著作とした，英語の翻訳書ですので，原著作の側で分類します（原著作と同じ分類記号を与えます）。

例 『万葉秀歌評釈』
　　　９１１.１２４（万葉集の評釈）　　　　　　　（×９１１.１０４　和歌の評釈書）

＊本書は『万葉集』の評釈書ですので，原著作の側で分類します。つまり，「万葉集（９１１.１２）」と同じ分類記号を与えるのですが，もしも原著作の分類に細区分が施されていて，そのなかに，当該資料により適した分類記号があれば，適用します。この場合は，「万葉集の評釈（９１１.１２４）」と細区分されている分類記号を採択します。

【2】 ただし，次のような著作物は，例外として関連著作の側で分類記号を与えます。

【2a】語学学習の著作物

原著作 ▲ 語学学習の著作物

原著作をもとにして，語学学習を目的とする対訳書や注釈書が作られることがあります。その場合には，原著作の側ではなく，例外として，語学学習の著作物の側で分類します。このときに「読本（とくほん）」という分類項目を適用します。語学学習の著作物は，原著作の作品形式が何であるかにかかわらず，学習される言語の読本として分類します（英語の分類体系にならって，もう一段の細分を施すことができます。第7章 p50参照）。

例 『英語リーディング教本 シェイクスピアの「真夏の夜の夢」』

８３７．７（英語読本）　　　　　　　　　　（×９３２．５　英語の戯曲で16−17世紀）

例 『対訳 ドイツ語で読む「グリム童話」：ＣＤ付』

８４７．７（ドイツ語読本）　　　　　　　　（×９４３．８　ドイツ語の童話）

【2b】翻案・脚色の著作物

原著作 ▲ 翻案・脚色の著作物

ある著作から翻案・脚色の著作物が作られた場合には，もとの著作の側ではなく，例外として，新たに創作された，翻案・脚色の著作物そのものの作品形式で分類します。

翻案とは，原著の創作上での本質を尊重しつつ，舞台設定や時代背景を変えたり，あるいは作品形式を変えたりして，作家性の強い新たな表現をおこすことです。

民話や物語を子ども向けに分かりやすく書き直す再話（さいわ），映像作品を小説に仕立てるノベライゼーション，ライト＝ノベルや古典作品をマンガにするコミカライゼーションなども，翻案に含めます。

脚色は，小説や事件を演劇・映画・放送で上演できるように，脚本・台本にすることです。脚色も，広い意味では翻案の範疇に含めることができます。ちなみに，戯曲というと演劇の，シナリオというと映画・放送の，脚本・台本をいいます。

例 『噫 無情』（黒岩涙香作）

９１３．６１（日本語の小説で近代の明治）　　（×９５３．６　仏語の小説で18−19世紀）

＊原著作は，フランスの作家・ビクトル＝ユゴー（1802−1885）の小説『レ＝ミゼラブル』ですが，明治期に黒岩涙香（1862−1920）が翻案して『噫 無情（ああ むじょう）』としました。

例 『戯曲・嵐が丘』（河野多恵子作）

９１２．６（日本語の戯曲で近代）　　　　　（×９３３．６　英語の小説で18−19世紀）

＊原著作は，アメリカの作家・エミリ＝ブロンテ（1818−1848）の小説『嵐が丘』ですが，日本の作家・河野多恵子（1926−2015）が戯曲に仕立てて『戯曲・嵐が丘』としました。

【2c】 特定の意図による要約・抜粋の著作物

原著作 ▲ 要約・抜粋の著作物

原著作から，特定の意図をもって，その一部分が取り出されて新たな著作物が作られた場合には，原著作の側ではなく，例外として，取り出された部分の著作物がもつ主題の側で分類します。ただ，このケースはしきりと目にするものではありません。

例 『回想の織田信長：フロイス「日本史」より』

　２８９，または２８９.１（個人の伝記）　　　　　　　　（×２１０.４　日本史で中世）

■

演習問題 分類規程（2） 複数主題（重点処置）と原著作・関連著作

問い1 分類記号を与えよ。

① 『英国からみたニッポンの教育』
   イギリスの知日家が語り尽くす，わが国の教育事情。

② 『高速鉄道 日仏 徹底比較：新幹線vsＴＧＶ』
   日本の新幹線技術の動向を踏まえ，仏のＴＧＶの鉄道工学上の長短を現地調査。

③ 『ヘルシーな野菜を主としたお弁当』
   野菜をふんだんに使った，お弁当のレシピ集。

④ 『天気のことわざ』
   「夕焼けの翌日は，晴れ」「夜の稲妻，雨招く」など，気象に関することわざ百科。

⑤ 『タクシー乗務員の労働時間管理マニュアル』
   タクシー事業に従事している乗務員に向けた，労働時間に関する管理マニュアル。

⑥ 『アラフォー ドライビング＝レッスン』
   四十歳前後の女性のためにと書き下ろされた，気ままなドライブのあれこれ。

⑦ 『警察官のための英会話集：東京オリンピックに向けて』
   交番に勤務する警察官用をうたった，訪日観光客の案内・誘導のための英会話集。

⑧ 『The Tale of Genji』
   E.G.サイデンステッカー（1921－2007）による『源氏物語』の英語完訳。

⑨ 『源氏物語 あさきゆめみし』
   漫画家・大和和紀（1948－）が『源氏物語』の世界を華麗に描いたコミックス作品。
   大和和紀（やまと わき）は，1977年に『はいからさんが通る』で講談社漫画賞少女部
   門受賞。代表作は掲題作品の他に『ヨコハマ物語』『ＫＩＬＬＡ』など。

⑩ 『学習受験 源氏物語抄』
   古文読解のために『源氏物語』から名文を抜き出して注釈を加えた学習参考書。

⑪ 『戯曲アンネの日記』
   米国の脚本家・アルバート＝ハケット（1900－1995）が，アンネ＝フランク（1929－1945）
   原作のオランダ日記文学を脚色，その日本語訳を菅原卓（1903－1970）が手掛けた。

問い2 下線部分の空欄にもっとも適切な語句をしるせ。

（**1**）　一つの資料が複数の独立した主題をもち，**いずれもが対等**に扱われている場合には，主題が＿＿＿＿＿（数字）つ以上であれば<u>一つ上位の主題</u>で分類し，多くのなかの2つまたは3つの主題が取り上げられていれば<u>最初に表示されている主題</u>*1) で分類する。

　　　　　　　　＊1）ただし，ある主題の下位区分が2つあるいは3つのみから成る場合は，上位の主題

（**2**）　二つの主題への対処は，第一に，両者のあいだに**相互作用**が認められれば，「作用を受ける側」の主題で分類する。影響関係であれば，<u>影響を受ける側</u>*2)，因果関係ならば，＿＿＿＿＿＿＿の側，理論と応用の関係であれば，＿＿＿＿＿＿＿の側で，それぞれに分類記号を与える。また，概念の上下関係は，<u>下位概念からの作用を受け止めている</u>と解釈し，下位概念を包含する＿＿＿＿＿＿＿の側で分類する。

　　　　　　　　＊2）ただし，影響関係で，個人の思想・業績が多数人に影響を及ぼしている場合は，個人の側

（**3**）　第二に，二つの主題に**扱いの軽重**が認められれば，「重点的に扱われている側」の主題で分類する。比較の基準と比較の対象という，比較関係であれば，＿＿＿＿＿＿＿の側，手段と目的の関係であれば，＿＿＿＿＿＿＿の側，特定読者層向けに囲い込まれた，専門性の高い主題ならば，<u>特定読者層の側</u>*3) で，それぞれに分類記号を与える。

　　　　　　　　＊3）ただし，一般読者に活用できる，あるいは，主題に汎用性があると判断された場合は，主題の側

（**4**）　原著作と関連著作は，複数主題の「扱いの軽重」と同様の関係性が認められ，原著作の側に「重点」があると判断して，**原著作**の側で分類する。例外として，原著作と語学学習書では，＿＿＿＿＿＿＿の側，原著作と翻案・脚色の著作物では＿＿＿＿＿＿＿の側で，それぞれに分類する。これらの例外のケースでは，後者を新たに創造された著作物として認知し，「重点」が置かれていると判断している。

問い3 正しい記述をすべて選び，冒頭の数字を〇印で囲め。

1 　菊地勝弘著『雲と霧と雨の世界：雨かんむりの気象の科学』は，雲（451.61）と 霧（451.62）と 雨（451.64）とについての気象学を，いずれも対等に説いているものなので，これら三つの主題を束ねる，一つ上位の「気象学の凝結現象（451.6）」のところに分類する。

2 　福島千晴ほか著『流体力学の基礎と流体機械』は，流体力学の基礎理論を解説したうえで，水車・ポンプ・水圧機などさまざまな流体機械の特性をまとめているものなので，基礎理論の「流体力学（423.8）」ではなく，応用技術の「流体機械（534）」のほうに分類する。

3 　平安時代初期に書かれた『落窪物語』，それを翻案した田辺聖子の現代小説『舞え舞え蝸牛（かぎゅう，かたつむりの意)』は，原著作に相当する「落窪物語（913.35）」によって分類する。

4 　定量分析法は，試料中に存在する金属元素などの成分量を測定する手法。日本分析化学会編『カドミウムの定量分析』は，カドミウム成分に関しての定量分析法がしるされているところから，定量分析法一般（433.2）ではなく，個別事例である 金属元素のカドミウム（436.28）で分類する。

5 　アリストテレスの哲学が 中世のスコラ学者たちに影響を与えたと論じている，藤沢令夫著『アリストテレスとスコラ学』は，「アリストテレス（131.4）」から影響を受けた「スコラ哲学（132.2）を標榜する人びと」の側で分類する。

6 　アーネスト＝ヘミングウェイ著『老人と海』は，海という自然現象が年老いた人間の存在に与えた影響を描く小説なので，「海洋（452）」ではなく，影響を受けた「老人（367.7）」のほうに分類する。

■

「無標の主題」と「有標の主題」

【1】　本表（細目表）の分類記号は，主題（概念）に対して付与します。この「主題優先の原則」は分類記号を付与するうえでの揺るぎない前提です。

　このとき，同じキーワードに集約される主題であっても，一般的で汎用性のある主題と，個別事例と結びついて複合化した主題とに，二分されることがあります。本件については，第11章第1節【2b】「Aを目的とする（手段の）B」で述べました（p74）。

　ここで，便宜的に，一般的な主題を「無標の主題」，つまり標識のない，いわばデフォルトの主題とし，個別事例と結びついた主題を「有標の主題」，つまり特殊な標識を持ち合わせている主題と呼ぶこととします。後者の「有標の主題」は，第11章で既述のように，標識として掲げられている特殊性の側で分類します。

> 例　『定年からのボランティア活動入門』
>
> 　　**３６９.７**（ボランティア活動一般，地域福祉）　　　　　　　　　　　（無標の主題）
>
> 　　『災害ボランティア最前線』
>
> 　　**３６９.３**（災害救助）　　　　　　　　　　　　　　　　　　　　　**（有標の主題）**

> 例　『関西の 小さな博物館 気まぐれ散歩』
>
> 　　**０６９.０２１６**（博物館一般［事情］＋ 地理区分：近畿地方）　　　（無標の主題）
>
> 　　『関西の 郷土史博物館 ガイド』
>
> 　　**２１６**（［郷土史としての］近畿地方の歴史）　　　　　　　　　　**（有標の主題）**

> 例　『安全運転：ベストドライバーへの最短距離』
>
> 　　**５３７.８**（自動車工学で，車の操縦法［一般］）　　　　　　　　　（無標の主題）
>
> 　　『スポーツカー＝レーシング：最速のドライビング＝テクニック』
>
> 　　**７８８.７**（オートレース）　　　　　　　　　　　　　　　　　　**（有標の主題）**

【2】　0類「総記」，2類「歴史」，28綱「列伝」，29綱「地理」，8類「言語」，9類「文学」は，いずれも「無標の主題」とみなすことができます。

> 例　『アフリカ年鑑』
>
> 　　**０５９.４**（一般年鑑 ＋ 地理区分：アフリカ）　　　　　　　　　　（無標の主題）
>
> 　　『防衛年鑑』
>
> 　　**３９０.５９**（防衛 ＋ 形式区分：年鑑）　　　　　　　　　　　　**（有標の主題）**

> 例　『スコットランドの歴史』
>
> 　　**２３３.２**（各国・各地域の歴史で，スコットランド史）　　　　　　（無標の主題）
>
> 　　『ウィスキー産業の歴史』
>
> 　　**５８８.５７０９２**（ウィスキー製造技術 ＋ 技術・工学の産業化細区分：歴史）**（有標の主題）**

例 『世界の城郭都市』

２９０.１７３ （［地域を特定しない］地理 ＋ 地域的論述の細区分：都市地理） （無標の主題）

『地政学入門』

３１２.９ （政治 ＋ 形式区分：地理学的論述） **（有標の主題）**

【３】芸術作品は作品の「形式」を主題の代用としており，「無標の主題」です。そのう
えで，文字主体の小説・詩歌・戯曲などは９類（文学）に，ビジュアル優先の漫画・絵本・
写真集などは７類（芸術）に収めます（第４章 p 26参照）。

　文字主体の芸術作品で，特定の作品そのものに内在する文学的主題を考察している研究
書は，対象の作品と同様に，「無標の主題」としています（第８章 p 55参照）。

例 『１Ｑ８４』（村上春樹著）

９１３.６５ （日本語の小説で，近代の平成［文学作品そのもの］） （無標の主題）

『村上春樹「１Ｑ８４」の世界を深読みする』

９１３.６５ （日本語の小説で，近代の平成［文学作品単体の研究］） （無標の主題）

ただし，複数の作品群をいわば手段として，それらの考察から提起される特定の研究主題
を論じているものについては「有標の主題」とみなし，その特定の主題で分類します。

例 『朝鮮民話選集』

９２９.１３０８ （朝鮮語の物語［民話作品そのもの］＋ 形式区分：全集） （無標の主題）

『東アジア民話の源流と変容：龍・虎・亀をめぐって』

３８８.２ （民話［研究］＋ 地理区分：アジア） **（有標の主題）**

例 『ギリシア神話：世界名作絵入り文庫』

９９１.３ （ギリシア語の物語［神話作品そのもの］） （無標の主題）

『海からの花嫁：ギリシア神話研究の手引き』

１６４.３１ （神話［研究］で，ギリシア［地域の］神話） **（有標の主題）**

ビジュアル優先の芸術作品においても，特定の主題を論ずるためにビジュアルの技巧が援
用されているものは，やはり「有標の主題」とみなして特定の主題の側で分類します。

例 『鉄腕アトム：名作完全復刻版』（手塚治虫作）

７２６.１ （芸術的なマンガ作品そのもの） （無標の主題）

『石ノ森章太郎の「マンガ」日本経済入門』

３３２.１ （経済事情 ＋ 地理区分：日本） **（有標の主題）**

例 『ドアノー写真集』（ロベール＝ドアノー撮影）

７４８ （個々の写真家の写真集［芸術的な写真作品そのもの］） （無標の主題）

『写真集 飛騨の雷鳥』

４８８.４０２１５３ （動物学で，鳥類のニワトリ目 ＋ 地理区分：岐阜県） **（有標の主題）**

12 分類規程（3）
伝記

12.1. 多数人の伝記（列伝）（280，地理区分の後に281／287の範囲に）

【1】 多数人の伝記（列伝）は，ＮＤＣでは３人以上をいいます。分類記号２８０の注記には「＊地理区分」の指示があるので，地理区分を合成することによって２８１から２８７までの範囲が，地域別での多数人の伝記に該当します。人名事典や人物評論，追悼録や逸話集なども，多数人の伝記相当として，ここに含めます。

> **例** 『土佐人物伝』
>
> ２８**０** ＋ １８４ → **２８１.８４**
>
> （列伝）（地理区分：高知県）

> **例** 『コンサイス日本人名事典』
>
> ２８**０** ＋ １ ＋ ０３３ → **２８１.０３３**
>
> （列伝）（地理区分：日本）（形式区分：事典）

＊相関索引に「人名辞典　２８△０３３」と立項されているので，この「△」の位置に地理区分を挿入することでも当該分類記号は得られます。このような相関索引での立項にみるように，２８綱の「列伝」は，２９綱「地理」，８類「言語」，９類「文学」と同様の構造をもっています。補助表として明確にくくられている訳ではありませんが，「－０２墓誌」「－０３１　人物書誌」「－０３３　人名辞典」「－０３５　人名録」「－０３８　肖像集」「－０７　伝記作法」「－０８　逸話集」は，形式区分の分類記号が充当されており，下記のような構造となっています。

２８ ＋ 地理区分 ＋ 形式区分

【1a】 ２８綱の２８０.２（多数人の墓誌）から２８０.８（多数人の逸話集）まで，換言すれば，地理区分の位置に地理区分が不在のものは，国や地域を特定しない（あるいは特定できない）多数人の伝記相当を表しているものです。

> **例** 『岩波 世界人名大辞典』
>
> **２８０.３３**

> **例** 『古今東西 偉人・名人 逸話百選』
>
> **２８０.８**

【2】 ただし，特定主題に関する多数人の伝記は，その主題のもとに収めます。

> 例 『アルピニスト列伝』
>
> ７８６．１ ＋ ０２８ → ７８６．１０２８
> 　（登山）　　（形式区分：列伝）

> 例 『製紙業を築いた人々』
>
> ５８５ ＋ ０２８ → ５８５．０２８
> （製紙工業）　（形式区分：列伝）

【3】 また，中心人物とその周辺の人びとの伝記は，中心人物のもとに収めます。

> 例 『西田幾多郎をめぐる哲学者群像』＊西田幾多郎（1870－1945）は哲学者。
>
> １２１．６３（日本思想，西田幾多郎の項）

12.2. 血縁一族の伝記（系譜．家史．皇室）(288)

【1】 ２８８には，血縁一族として束ねられる人びとの，伝記と関連項目を収めます。ＮＤＣには「系譜．家史．皇室」として立項されて，下位展開しています。

> 例 『ケネディ家の人びと』＊ケネディ家は米国の名門一族。
>
> ２８８．３ ＋ ０２ ＋ ５３ → ２８８．３０２５３
> （家史，家伝）　　（地理区分：アメリカ）

【2】 日本の皇室一族の伝記は２８８．４に収めます。天皇の個人伝記は，私生活が主ならば２８８．４１に，公的生涯の記録が主ならば歴史（２１０）または政治史（３１２）に収めます（ひと時代前の記録は歴史に，同時代性が強ければ政治史とします）。

> 例 『人間・昭和天皇：元侍従らの回想で綴る生涯』
>
> ２８８．４１（天皇の，私生活を主とする個人伝記）

> 例 『昭和天皇全鑑：八十七年余の克明な動静の記録』
>
> ２１０．７（日本史で昭和時代）

【3】 外国の王室一族の伝記は２８８．４９に収め「＊地理区分」の指示のもとで地理区分を合成します。なお，外国の君主の個人伝記で，私生活を主とすれば２８９に収め，公的生涯の記録が主ならば歴史（２２０／２７９）または政治史（３１２）に収めます。

> 例 『ブータン王室：心のなかに龍を育てる王室の人びと』
>
> ２８８．４９ ＋ ２５８８ → ２８８．４９２５８８
> （外国の王室）　（地理区分：ブータン）

12.3. 個人の伝記（289）

【1】 個人の伝記は，ＮＤＣでは１人または２人のものをいい，自伝・自叙伝も含みます。２８９のままでもいいのですが，２８９.１（日本人），２８９.２（東洋人），２８９.３（西洋人）と三分してもいいし，必要に応じて，出身国もしくは主な活動の場と認められる国により「地理区分してもよい」との注記があります。

例 『坂本龍馬と高杉晋作』

＊坂本龍馬（1836－1867）と高杉晋作（1839－1867）は，江戸末期の尊王攘夷運動の志士。

２８９，または２８９.１

例 『ヘレン＝ケラー自伝』

＊ヘレン＝ケラー（1880－1967）は，見る・聞く・話すことに障害をもつ身ながら，社会福祉活動に尽力。彼女の家庭教師・アン＝サリヴァン（1866－1936）の存在も大きい。

２８９，または２８９.３，または２８９.５３

【2】 ただし，哲学・宗教・芸術・スポーツ・諸芸・文学にたずさわる者の伝記は，それぞれの主題のもとに収めます。個人伝記の例外規程です。

例 『ニーチェ：世界偉人伝シリーズ』＊ニーチェ（1844－1900）は，ドイツの哲学者。

１３４.９４（ドイツ・オーストリア哲学, ニーチェの項）

例 『黒住宗忠伝』＊黒住宗忠（1780－1850）は，黒住教（神道）の教祖。

１７８.６２（黒住教 ＋ 神道細区分：教祖伝記）

例 『楽聖・ベートーベン』＊ベートーベン（1770－1827）は，ドイツの作曲家。

７６２.３４（音楽史 ＋ 地理区分：ドイツ）

＊「７６２.８ 音楽家<列伝>」の項に，音楽家の個人伝記は，７６２（各国の音楽）に地理区分のうえ，７６２.１から７６２.７の範囲に収めよ，という意味の注記があります。

例 『ロダンの生涯と芸術』＊ロダン（1840－1917）は，フランスの彫刻家。

７１２.３５（彫刻史 ＋ 地理区分：フランス）

＊「７１２.８ 彫刻家<列伝>」の項に，彫刻家の個人伝記は，７１２（各国の彫刻）に地理区分のうえ，７１２.１から７１２.７の範囲に収めよ，という意味の注記があります。

例 『大関 清水川』

＊清水川（本名・長尾米作,1900－1967）は，一時期の放蕩で相撲協会を破門されるも，父・元吉が自害をもって詫びたことで角界復帰。父の名に改め精進し名大関の誉れを残した。

７８８.１（相撲）

例 『勅使河原蒼風』＊勅使河原蒼風（1900－1979）は，前衛華道家。草月流を創始。

７９３.２（花道家伝）

例　　『大江健三郎論』 ＊大江健三郎（1935－ ）は小説家。

　　　　　９１０.２６８（日本文学の文学史，近代，小説家の個人伝記・作家研究）

＊近代以降の小説家の個人伝記・作家研究は，**文学史**のもとに収めます。というのも，近代文学は小説が主流なので，文学史は小説史とほぼ重なります。それゆえに，近代以降の小説家の個人伝記・作家研究は，文学史のもとに置き，特定の時代に位置付けるのです。

　　ただし，近代以降の詩人・歌人・俳人などの個人伝記・作家研究は，それぞれの活動分野に，近世以前の文学者の個人伝記・作家研究も，それぞれの活動分野に収めます。

　　例　　『わが父 塚本邦雄』

＊塚本邦雄（1920－2005）は歌人。本書は長男・青史（1949－ ）による評伝。

　　　　　９１１.１６２（日本文学の詩歌で，歌人伝・研究）

　　例　　『上田秋成：その生き方と文学』

＊上田秋成（1734－1809）は江戸時代後期の読本（よみほん）作者。

　　　　　９１３.５６（日本語の小説で近世，上田秋成の項）

【２ａ】文学者の自伝・自叙伝は，9類のエッセイ・随筆のもとに収めます。

　　例　　『アガサ＝クリスティ自伝』

＊アガサ＝クリスティ（1891－1970）は，イギリスの推理小説家。

　　　　　９３４.７（イギリス文学のエッセイ・随筆，20世紀以降）

【２ｂ】個人伝記の例外規程で，芸術家は，絵画・音楽・演劇など7類の芸術活動を行なう者，それに建築家（５２１／５２３），服飾デザイナー（５９３.３），料理人（５９６）を指すものとし，諸芸にたずさわる者は，やはり7類で華道・能楽・落語といった日本の伝統的な芸事・芸能をきわめた者をいいます。なお，個人伝記の例外規程にはあたらなくとも，内容がその人物の生涯をしるしたというよりは，学説や業績を主としていると判断できるのであれば，被伝者が実際に活動した主題のもとに収めることがあります。

【３】統治者（大統領や政治家など）の伝記で，私的生活よりも公的生涯の記録が主ならば，歴史（２１０／２７９）または政治史（３１２）に収めます。

　　例　　『ふだん着の原敬』

＊原敬（はら たかし，1856－1921）は政治家。爵位を固辞して「平民宰相」と呼ばれた。

　　　　　２８９，または２８９.１（個人の伝記）

　　例　　『原敬日記』

＊原敬が右翼青年に刺殺される直前までの日記。明治・大正期の政治動向が克明に。

　　　　　２１０.６（日本史で近代）

問い1 分類記号を与えよ。

① 『不屈の人 ネルソン＝マンデラ』

　　ネルソン＝マンデラ（1918－2013）はアパルトヘイト（人種隔離政策）と闘い，獄中
　　生活に屈せず，1994年に南アフリカ共和国大統領に就任し1期5年を務めた。

② 『野口英世とその妻・メリー＝ダージス』

　　細菌学者・野口英世（1876－1928）と，その妻のメリー＝ダージス（1876－1947）。ア
　　イルランド系移民の娘はニューヨークの酒場で明治期の日本男子と意気投合した。

③ 『爆弾可楽』

　　後世に「爆弾可楽」と呼ばれた噺家（はなしか），四代目・三笑亭可楽（？－1869）。
　　明治の新政府に抵抗し，東京市内に爆弾を仕掛けようとして捕えられ獄死。

④ 『フリーダ＝カーロ：裂けたキャンバス，痛みの絵筆』

　　メキシコの女性画家・フリーダ＝カーロ（1907－1954）。自画像を身上とした生き様。

⑤ 『千里眼千鶴子』

　　千里眼女性とされる御船千鶴子（1886－1911）。明治43年に東京帝大助教授らによる実
　　験での成功と，詐術との風評のはざまで苦悩し自殺。彼女の数奇な生涯。

⑥ 『内村鑑三伝：「教会」よりも「キリストの十字架」を』

　　内村鑑三（1861－1930）は，教会的なキリスト教に対して無教会主義を唱えた宗教家。

⑦ 『与謝野晶子の生涯』

　　情熱の歌人・与謝野晶子（1878－1942）研究の第一人者による本格評伝。

⑧ 『千すじの黒髪：小説・与謝野晶子』

　　与謝野晶子の一生を小説家・田辺聖子（1928－2019）が描く。1975年刊。

⑨ 『私（わたくし）の生い立ち：与謝野晶子自伝』

　　夫・鉄幹（1873－1935）との出会いなど，晩年の著者が自らの来し方を振り返る。

問い2 分類記号を与えよ。

① 『ウィリアム＝メレル＝ヴォーリズと一柳満喜子：愛が架ける橋』

　建築家・ヴォーリズ（1880－1964）と華族令嬢・満喜子（1884－1964）。運命的な出逢い，異端の結婚，数々の苦難を乗り越えた，近江八幡の地でのキリスト者夫妻の生涯。

② 『初代総料理長・サリー＝ワイル』

　昭和初期，横浜のホテル＝ニューグランド初代総料理長として来日，本格的フランス料理を伝えたスイス人シェフ・サリー＝ワイル（1897－1976）。直伝の調理法も収録。

③ 『デール＝カーネギー』

　自己啓発ムーブメントの始祖・デール＝カーネギー（1888－1955）。世俗的な成功を肯定し，対人関係の処方箋を説き，米国だけでなく世界中に影響を及ぼした人物。

④ 『仲蔵狂瀾』

　江戸中期の歌舞伎役者・中村仲蔵（初代，1736－1790）。下積み役者から這い上がり，後に大立者となった人物の一代記。

⑤ 『ブッシュ回顧録：決断のとき』

　第43代アメリカ大統領・ジョージ＝Ｗ＝ブッシュ（1946－　）。9・11同時多発テロ，イラク戦争，リーマン＝ショックなど，任期中の出来事の見解と行動。

⑥ 『逸翁自叙伝』

　小林一三（いちぞう，1873－1957）は阪急電鉄を設立し，沿線の宅地開発分譲とともに，動物園・温泉・劇場・ターミナル＝デパートを開業。逸翁（いつおう）は号。

⑦ 『経済学者の栄光と敗北：ケインズからクルーグマンまで14人の小伝』

　時代の要請に応えて万能の経済理論を追い求めた天才経済学者たち。彼らの理論はいかにして生まれたのか。パーソナル＝ヒストリーから解き明かす経済学者列伝。

⑧ 『明治の文士たち』

　詩人・小説家・歌人・評論家など，文章を売って生活の糧にした明治の男たちの列伝。

⑨ 『大阪府職員録』

　大阪府に在職している公務員を対象として，部局ごとに職位や氏名を記載した人名簿。

⑩ 『悲劇のハプスブルク家』

　欧州王室のなかでも屈指の名門，20世紀初頭まで中部ヨーロッパで強大な勢力を誇り，代々の国王や皇帝を輩出したオーストリア＝ハプスブルク家一族の全史。

⑪ 『ハプスブルク帝国 最後の皇太子：オットー大公の生涯』

　第一次世界大戦後ハプスブルク王朝は瓦解し，皇家は財産没収のうえ国外追放となる。廃位されたカール一世は亡命先で病死。帝位を継ぐはずの長男・オットーは9歳だった。激動の20世紀欧州を生き抜いたオットー大公（1912－2011）の，98年の人生。

分類法の心得25選

その1　主題優先，大原則。
分類記号は主題（概念）に対して割り振るというのが，分類法の大原則です。

その2　主題多岐なら，その他の0類。芸術作品，文字もの9類，ビジュアル7類。
主題優先には，例外があります。一つは，主題が多岐にわたるケースです。この場合は「その他」に相当する0類（総記）に収めます。もう一つは，主題の特定が困難な芸術作品です。この場合は主題ではなく「形式」で代用します。文字ものであれば9類（文学）の，ビジュアルものは7類（芸術）の「形式」で与えます。【p26】

その3　同一主題，観点違えば別記号。
同じ言葉で表現される主題でも，主題に対する切り口や主題を論じるさいの立場，すなわち「観点」が異なれば，別な分類記号が付与されます。観点は，相関索引において，丸カッコ記号でくくられて提示されています。【p25】

その4　現場の図書館，記号の桁数，伸び縮み。
実際の図書館の現場では，もっとも詳細な分類記号が，常に与えられるとは限りません。蔵書量の多寡，主題の偏り，対象利用者の特質などを考慮し，それぞれの図書館の実情に見合った「適切な」桁数が採択されます。【p26】

その5　本表確認，怠るな。注記を読め。上下（うえした）を見よ。
相関索引で引き当てた分類記号は，必ず本表（細目表）で確認します。注記に目を止めるとともに，より特定性の高い項目が下位にないか，また，上位のいかなるカテゴリから導出されてきたものかを見定めます。【p11-12】

その6　末尾の0は取る。
第一次区分（類）と第二次区分（綱）の分類記号は，本表（細目表）では桁合わせの0（零）が付されて3桁となっています。補助表の分類記号を合成するときは，この末尾の0（零）を省きます。【p34】

その7　形式区分，歴史ものは0を重ねる。
下位で時代別の区分けが展開されている「歴史もの」の場合，形式区分をそのまま合成すると，すでに設定されている分類記号と抵触してしまうので，それを避けるために，0（零）を重ねたうえで合成します。【p34-35】

その8　地理区分は原則02。短縮指示　注意。
地理区分は，原則として「−02」を介して合成します。このとき，本表（細目表）の注記に「短縮指示」があれば，分類記号を短縮させます。注記での「＊地理区分」と「＊日本地方区分」の指示は，例外規程です。【p40-42】

その9　3類の法律・制度は，日本のもの。
3類にある選挙制度，行政制度，司法制度，民法，商法，刑法などは，日本のものです。そのまま地理区分を合成することはできません。これらに地理区分を合成する場合には，当該項目の直下で「外国の…」という項目を探します。すぐ下に見当たらなければ，当該項目の上位のカテゴリで「外国の…」の項目を探します。【p41-42】

その10　言語の主題，「8 ＋ 言語区分 ＋ 言語共通区分」の骨組み。
　　　あるいは，相関索引での立項「8 □ 言語共通区分の記号」。
言語の主題は，「8 ＋ 言語区分 ＋ 言語共通区分」という骨組みからでも，相関索引で「言語共通区分に相当する言葉」を引き，表示されている□の位置に言語区分を挿入することでも，求めることができます。【p47-48】

その11　諸語は，□に入らない，言語共通区分も付かない（一対一の対応確認）。
ただし，言語区分が「二つ以上の言語の集合」に割り当てられているものは，相関索引の□の位置に挿入できないし，言語共通区分も後ろに合成できません。言語区分は，記号と項目とが一対一で対応しているかどうかを確認したうえで，使用しなければならないのです。【p47，49】

その12　言語の辞典，語釈は3，テーマがあれば033。
語釈の辞典には，言語共通区分の「辞典（−3）」を使います。特定の研究テーマを扱った言語の辞典は，そのテーマを言語共通区分で表現するので，その後ろに形式区分の「辞典（−033）」を合成することになります。【p49】

その13　主要な言語，英語にならって下位展開。
独・仏・西・伊・露といった言語は，言語共通区分の後に，英語にならって下位に展開することができます。【p50】

その14 相関索引，△印は地理区分，□印は言語区分。

相関索引で提示されている△記号は地理区分を挿入するものであり，□記号のほうが言語区分です。【p 48，63】

その15 文学作品，「９ ＋ 言語区分 ＋ 文学共通区分」の骨組み。
あるいは，相関索引での立項「９ □ 文学共通区分の記号」。

文学作品・文学研究書は，「９ ＋ 言語区分 ＋ 文学共通区分」という骨組みからでも，相関索引で「文学共通区分に相当する言葉」を引き，表示されている□の位置に言語区分を挿入することでも，求めることができます。なお，主要な言語の，主要な作品形式の著作は，文学共通区分の後ろに原著作の初版年や著者の生没年にしたがって「時代別の区分け」を合成できます。さらに必要に応じて，形式区分を合成することもできます。【p 53-54】

その16 言語区分は，原著の言語。

言語区分は，原著作の言語にしたがって割り当てます。翻訳された作品の言語ではありません。【p 54】

その17 文学全集，種類いろいろならば８，ひと種類だけなら最後に０８。

文学全集で，多種類が収録されている（作品形式を特定できない）場合は，文学共通区分の「全集（－８）」を使います。ひと種類だけが収録されている（作品形式を特定できる）場合は，そのひと種類の作品形式を文学共通区分で表現するので，（時代別の区分けを付けた後に）形式区分の「全集（－０８）」を合成します。【p 54-55】

その18 文学者の紀行と自叙伝，９類へ。

文学者の手になる紀行文は，２９綱（地理・地誌・紀行）ではなく，９類（文学作品）の紀行として扱います。文学者の自叙伝も，２８９（個人の伝記）ではなく，９類（文学作品）のエッセイ・随筆に収めます。【p 57，87】

その19 地理の主題，「２９ ＋ 地理区分 ＋ 地域的論述の細区分」の骨組み。
あるいは，相関索引での立項「２９ △ 地域的論述の細区分の記号」。

地理の主題は，「２９ ＋ 地理区分 ＋ 地域的論述の細区分」という骨組みからでも，相関索引で「地域的論述の細区分に相当する言葉」を引き，表示されている△の位置に地理区分を挿入することでも，求められます。【p 56】

その20 専門図書館（０１８）各種の建築（５２６），綱目表の２桁合成。

専門図書館（０１８）と各種の建築（５２６）は，本表（細目表）での注記の指示にしたがって，綱目表の分類記号（２桁）を合成して細区分することができます。【p 60】

その21 複数主題，相互作用は受ける側，アピールしたい重点側。

複数主題を扱っている場合に，相互作用が認められる，「影響関係」「因果関係」「理論と応用の関係」「包含関係」では，いずれも「作用を受ける側」で分類します。また，複数主題の一方を著者がアピールしたいものと判断できる，「比較関係」「手段と目的の関係」では，その「重点を置いている側」で分類します。
なお，いずれもが対等に扱われている場合には，主題が４つ以上は一つ上位で，多くの分類項目のなかの２つまたは３つが取り上げられていれば，標題で最初に表示されている主題で分類します。ただし，分類項目が２つのみ，あるいは３つのみの場合は，例外として，それらを束ねる上位の主題で分類します。【p 67-70，73-75】

その22 特定読者向け主題，双方ともに専門的なら，読者側。

特定の読者層に向けた主題は，限られた読者層を対象に，専門的な主題が展開されていれば，「特定読者層」の側で分類します。どちらか一方に汎用性が認められる場合は，「対応する主題」の側で分類します。【p 75-76】

その23 原著作と関連著作，例外は語学学習と翻案・脚色。

原著作と関連著作は，原則として原著作の側で分類します。ただし，語学学習と翻案・脚色の著作物に関しては，例外として，これら関連著作の側で分類します。【p 76-78】

その24 個人の伝記，哲・宗，芸・スポ，諸芸に文学，主題のもとに。

１人または２人の個人の伝記は，原則として「２８９」で分類します。必要に応じて，「.１」「.２」「.３」と三分してもいいし，地理区分してもかまいません。ただし，哲学・宗教・芸術・スポーツ・諸芸・文学にたずさわる者の伝記は，それぞれの主題のもとに収めます。これらの人物の生涯は，その業績と分かちがたく結び付いており，主題性に非常に強く彩られた人生を送ったものと考えられているからです。【p 86-87】

その25 分類体系，人のわざ。

分類体系は，所与のものではなく，人が作るものです。構築する人間の側の，目的・立場・手段・方法などで左右されます。その点を得心のうえ，ものごとを前に進めるための実務的な便法として，適切に使いこなすことが肝要です。

13 分類規程に関する総合演習問題

問い1 正しい記述をすべて選び，冒頭の数字を〇印で囲め。

1 統計学の理論をマーケティングの具体的事例に応用した豊田秀樹著『消費者の購買心理を読み解く統計学』は，タイトルにもなっている「一般統計学（350.1）」に分類する。

2 川口マーン惠美著『暮らしてきた日本，住んでみたドイツ』は，ドイツ人と結婚してドイツに移住した日本人の著者が，暮らし慣れた日本の視点で，ドイツでの住み心地を評しているところから，「ドイツの社会事情（302.34）」に分類する。

3 学芸社編『国文精粋 竹取物語：文法詳説』は，学習受験用として編まれた古文読解の参考書だが，関連著作と位置付けて原著作の「竹取物語（913.31）」と同じ分類にする。

4 赤潮はプランクトンの異常増殖による海水の変色現象だが，高田浩著『海洋汚染と赤潮の発生』は，その原因を海洋汚染に求めているので，発生した「赤潮（663.96）」ではなく，「海洋汚染（519.4）」のほうに分類する。

5 こばたてるみ著『マラソン勝負メシ』は，公認スポーツ栄養士の著者が，4時間切りを目指すマラソン＝ランナーに向けて，トップ＝アスリートが知っておくべき，高い競技能力を保つための，最新の分子栄養学の知識を伝授しているので，「マラソン競技（782.3）」ではなく，「栄養学（生理学）491.34」に分類する。

問い2 下線部分の空欄にもっとも適切な語句をしるせ。

日本十進分類法の補助表は，一般補助表と①＿＿＿＿＿＿＿＿＿＿とに分かれる。両者の違いは端的に適用範囲が広いか狭いかによるものだ。補助表の分類記号の働きは，件名法における②＿＿＿＿＿＿＿＿＿＿と同じである。どちらも主題をより詳細に表現するのを助ける。補助表は，分析合成型である③＿＿＿＿＿＿＿＿分類法の発想をとりいれている。この分類法は，インドの図書館学者の④＿＿＿＿＿＿＿＿＿＿＿によって創案された。分析合成型の分類法は，主題をいくつかの観点で切り分け（「分析」），それぞれに分類記号を割り当てた後にそれらを再度組み合わせて（「合成」），分類記号を完成させる。「補助表の分類記号」を略して「補助記号」とは呼ばない。なぜなら，そもそも補助記号とは，背表紙のラベルに印字する⑤＿＿＿＿＿＿＿＿の一部を構成するものだからだ。

問い3 分類記号を与えよ。

① 『ノルウェーの水産業』

② 『マリリン＝モンロー：永遠のハリウッド映画スター』

③ 『ドアノー写真集』

 ＊フランスの写真家・ロベール＝ドアノー（1912－1994）の作品を収録した一冊。

④ 『三省堂 シンハラ語－日本語 辞典』 ＊シンハラ語は，スリランカの公用語。

⑤ 『英国 海上保険法（English Marine Insurance Act 1906）』

⑥ 『荒地（あれち）』

 ＊英詩人・T.S.エリオット（1888－1965）が1922年に発表した長詩。西脇順三郎（1894－1982）訳。

⑦ 『皆川達夫先生 古稀記念 論攷集：音楽史の宇宙』

 ＊古代・中世からバロック・古典派を経て現代音楽まで，音楽史をめぐる論文を集めた論攷集（ろんこうしゅう）。

⑧ 『医籍総覧』 ＊医籍総覧は，医師免許をもつ者の名簿。

⑨ 『ゼンリン住宅地図・東京都豊島区：基本縮尺 1／5,000, 1／3,000』

⑩ 『屋外体育施設：設計と施工の指針』

⑪ 『岩波書店版 円朝 全集』

 ＊幕末から明治に生きた落語家・三遊亭円朝（初代，1839－1900）。その口演は，明治期に口語文体の速記録として新聞や雑誌に発表され，書籍にもなって，活力ある「読みもの」として定着した。全集編纂は，今回で三度目。

問い4 分類記号を与えよ。

① 『遺伝子操作実験法の基礎』（生物科学テキスト叢書：遺伝学 ＜1＞）

微生物からヒトの遺伝子研究に至るまで，遺伝子組み換え実験の基礎的手法を集大成。

② 『GM食品：食糧危機への朗報か，重篤疾患の元凶か』

GM（genetically modified）食品は，遺伝子組み換え作物で得られた食べ物のこと。品種改良の発展形として誕生した，革新的な作物栽培の全容。

③ 『ジュラシック＝パーク』

米作家・マイケル＝クライトン（1942－2008）が，バイオテクノロジーで蘇生させた恐竜を描くSF小説。バイオテクノロジーは遺伝子組み換えと細胞融合とが中核。

④ 『心を生みだす遺伝子：パーソナリティは遺伝？ それとも環境？』

ヒトの遺伝子の発現と脳の発達を解き明かし，積年にわたる「氏か育ちか」の心理学論争に新たな知見を提供。

⑤ 『ゲノム編集ビジネス』

ゲノム（Genom，独語）は，生物に必須の一組の染色体，または，そこに含まれる全遺伝子のこと。バイオテクノロジーの応用がもたらす，新たな成長産業の最前線。

問い5 選択肢のなかで適切なほうを選び，冒頭のローマ字を〇印で囲め。

① 『映画音楽』青木啓著

「モダンタイムス」から「ゴッドファーザー」まで，名だたる映画の名曲を解説。

  a．映画（７７８.４） b．音楽（７６０）

② 『砂漠植物』德岡正三著

乾燥地に適応するために肉厚な茎や葉に水を蓄えるようになった植物を紹介。

  a．砂漠（４５４.６４） b．植物（４７１.７５）

③ 『図書館をＰＲする』西田清子著

各地の公共図書館でＰＲ効果を上げている実例を紹介し，広報のポイントを提示。

  a．図書館（０１３.７） b．広報活動（３１８.５）

④ 『人工知能が金融を支配する日』櫻井豊著

人工知能の進歩が，金融市場での運用パフォーマンスを劇的に変えている実態。

  a．人工知能（００７.１３） b．金融市場（３３８.９）

⑤ 『鉢植えトマトの極意』主婦の友社編集部編

ベランダ菜園やキッチン栽培でおしゃれに節約。鉢植えで育てるトマト道楽の極意。

  a．鉢植え（６２７.８） b．トマト（６２６.２７）

⑥ 『鉄道デザインの心』水戸岡鋭治著

「ななつ星in九州」「九州新幹線８００系」「つばめ７８７系」など，画期的な鉄道車両
を世に送り出した工業デザイナー・水戸岡鋭治（1947－ ）の，「ものづくり」の覚悟。

  a．鉄道車両（５３６） b．工業デザイン（５０１.８３）

⑦ 『口紅から機関車まで：インダストリアル＝デザイナーの個人的記録』R.ローウィ著

レイモンド＝ローウィ（1893－1986）は，フランスで生まれ，米国に帰化して活躍。
百四十社もの企業のコンサルタントを務め，あらゆる分野の製品をデザインした。

  a．工業製品（５０９.６） b．工業デザイン（５０１.８３）

14 分類法に関する総合演習問題

問い1 正しい記述をすべて選び，冒頭の数字を〇印で囲め。

1 ＮＤＣは，資料の配架を目的として，国内のほとんどの公共図書館や大学図書館，それに国立国会図書館で使われている。

2 ＮＤＣでは，本来は独立すべき項目や下位にあるべき項目が，同じレベルの区分のなかに一緒に収まっていることがある。

3 ＮＤＣは，蔵書数50万冊以上の規模の図書館を対象としており，その蔵書を確実に分類するために，分類記号はもっとも詳細なレベルまで展開するよう求めている。

4 ＮＤＣは，アラビア数字のみの記号法を使い，十個の分類項目を繰り返すことで，分類体系では階層性が表現されている。

5 ＮＤＣには，本体である細目表で主題を表現し尽くせないときに，細目表の分類記号に付加して使う目的の，補助的な分類表が存在する。

問い2 設問に対してもっとも適切な回答を選び，冒頭の数字を〇印で囲め。

（1）ＮＤＣの分類記号には，主題から資料を探索するうえで，いかなる利点があるのか。

1 ＮＤＣでは第一次・第二次・第三次と主題を段階的に絞り込みながら探索でき，その階層性は書架上にも表れているので，同じ主題は集中し前後には類似の主題が並ぶ。

2 ＮＤＣでは主題と分類記号とは一対一で対応し，記号同士の関連性は薄いところから，探索したい主題のみを特定の書架の特定の棚の位置にピンポイントで見出せる。

3 ＮＤＣではまず主題によって分類記号が付番され，次に形式によって細分されているので，資料を主題からも形式からもと，常に双方向から探索できる。

（2）ＮＤＣの分類記号の桁数は，どの図書館も細目表どおりでなければならないのか。

1 ＮＤＣを採択した以上は，ＮＤＣを採択している他の図書館と協力して相互貸借の便宜をはかるために，細目表どおりの桁数を使用しなければならない。

2 国立国会図書館の作成する全国書誌が，ＮＤＣの細目表にしたがった分類記号を付与しているので，これにならって細目表どおりの桁数使用が推奨されている。

3 図書館の蔵書量や主題の偏りを考慮して，収書の少ない分野では必ずしも細目表どおりの桁数を採択せず，自館にふさわしい桁数に短縮して使用してもかまわない。

問い3 選択肢のなかで適切なほうを選び，冒頭のローマ字を〇印で囲め。

1．『再生可能エネルギーと太陽光発電』の分類記号は，太陽光・風力・地熱・小水力・バイオマス（生物由来の有機性資源）などの再生可能エネルギーのなかで，急増する太陽光発電にとりわけページを割いているので，［a．再生可能エネルギー［工業動力］５０１．６，　b．太陽光発電５４３．８］とする。

2．『アメリカ契約法』の分類記号は，地理区分「アメリカ（－５３）」を使うが，［a．民法の下位にある契約法（３２４．５２）に，形式区分「－０２」を介して合成して３２４．５２０２５３，　b．契約法の上位に当たる民法で，外国の民法（３２４．９）のところに直に合成して３２４．９５３］とする。

3．『コンサイス実用英文法辞典』の分類記号は，「英文法（８３５）」の後に補助表から「辞典」を合成するが，［a．形式区分の「辞典（－０３３）」を合成して８３５．０３３，　b．言語共通区分の「辞典（－３）」を合成して８３５．３］とする。

4．『日本史研究法』の分類記号は，「日本史（２１０）」に形式区分「研究法（－０７）」を合成するが，［a．末尾の零を一つ省いて合成し２１０．７，　b．末尾の零を一つ省き，その上で零を一つ重ねて合成し２１０．０７］とする。

5．『ニューヨークの古書店』の分類記号は，主題「古書店（０２４．８）」に，地理区分の「ニューヨーク（－５３２１）」を合成するが，［a．直に合成して０２４．８５３２１，　b．形式区分「－０２」を介して合成して０２４．８０２５３２１］とする。

6．『装いのオパール：その華麗なる宝飾芸術』の分類記号は，相関索引で［a．「オパール（工芸）」の７５５．３，　b．「オパール（鉱物学）」の４５９．７］を選び，その後に本表（細目表）で当該の分類記号を確認して付与する。

問い4 選択肢のなかでもっとも適切な分類記号を選び，冒頭のローマ字を○印で囲め。

① 『都道府県税と市町村税の基礎知識』

    a．345   b．349.5   c．349.53   d．349.55

② 『愛と至誠に生きる：吉岡彌生の生涯』

    ＊吉岡彌生（1871-1959）は医師。東京女子医科大学の前身である東京女医学校を創設し女性医師の養成に尽力。

    a．289.1   b．490.7   c．498.14   d．498.163

③ 『神奈川県のオンブズマン制度』 ＊オンブズマンは，国や自治体の行政活動を監査する機関。

    a．317.602137   b．317.6137

                            c．318.5137   d．318.537

④ 『パティシエ必携 日英独仏伊西 対照［新］スイーツ用語 多言語辞典』

    a．039   b．588.35033   c．596.65033   d．801.3

⑤ 『ギリシアの銀行』

    a．338.02395   b．338.2395   c．338.395   d．338.919

⑥ 『ベトナムで使える ベトナム語辞典』

    a．829.37   b．829.37033   c．829.373   d．929.37

⑦ 『ツンベルグ日本紀行』

    ＊ツンベルグ（1743-1828）は，スウェーデンの植物学者・医師。寛永4（1775）年に長崎の出島に赴任し1年滞在。

    a．290.9   b．291.09   c．915.5   d．949.85

⑧ 『医学図書館員のためのＥＢＭ：知っておきたい知識と技能』

    ＊ＥＢＭ（evidence-based medicine）は，最新で最良の医学情報を踏まえて患者中心の治療を行なう医療行為。

    a．018.49   b．491.07   c．492.07   d．498.07

⑨ 『薩隅 訛語』

    ＊薩隅（さつぐう）は，薩摩（さつま）と大隅（おおすみ）で，現在の鹿児島県。訛語（かご）は，方言の意。

    a．801.8   b．818.197   c．818.97   d．819.78

⑩ 『阿久悠 自選 詞集』

    ＊昭和歌謡曲の作詞家・阿久悠（1937-2007）が，みずから自作を選んで編んだ「詞集」。

    a．767.8   b．911.168   c．911.56   d．911.66

問い5 選択肢のなかで適切なほうを選び，冒頭のローマ字を〇印で囲め。

① 『昭和な喫茶店』

  a．昭和時代で戦後（２１０.７６） b．喫茶店（６７３.９８）

② 『重文 建造物』

  a．重要文化財（７０９.１） b．建築（５２０）

③ 『ホットヨガ＝ダイエット』

  a．ヨガ健康法（４９８.３４） b．美容ダイエット（５９５.６）

④ 『アパレル＝マーケティング』

  a．アパレル産業（５８９.２） b．マーケティング手法（６７５）

⑤ 『スポーツカー＝レーシング：最速のドライビング＝テクニック』

  a．オートレース（７８８.７） b．自動車操縦法（５３７.８）

⑥ 『住民基本台帳 人口移動報告（総務省統計局)』

  a．人口静態統計（３５８） b．人口動態統計（３３４.２）

⑦ 『ジュラルミンの塑性加工法』

  a．ジュラルミン（５６５.５２８） b．塑性加工法（５６６.２）

⑧ 『１００円ショップ文具術』

  a．小売業（６７３.７） b．文房具（５８９.７３）

⑨ 『教育経済学』

  a．教育学（３７１） b．経済学（３３１）

⑩ 『中小企業の経営診断』

  a．中小企業（３３５.３５） b．経営診断（３３６.８３）

⑪ 『元アイドル本音インタビュー』

  a．テレビ＝タレント（７７９.９） b．インタビュー法（８０９.５）

⑫ 『和辻哲郎の手沢本』＊手沢本（しゅたくぼん）は，旧蔵者が繰り返し読んで手垢のついた，遺愛の書。

  a．哲学者・和辻哲郎（１２１.６５） b．個人蔵書（０２９.９）

■

請求記号
所蔵事項としての分類記号

15.1. 請求記号のなかの分類記号

【1】 <u>請求記号（所在記号ともいう）は，①分類記号，②図書記号，③補助記号，④別置記号，という四つの記号で構成されています。</u>目録を形づくる所蔵事項の一つです。

【2】 分類記号は，請求記号の主要部分を占め，資料の書架上での所在場所を指し示す働きをしています。

　利用者は図書館目録を検索して，分類記号を筆頭とする請求記号を見出し，そのデータを手掛かりに書架上での資料を探し出します。分類記号を含む請求記号は，資料じたいにも付与されています。ラベルに印字されて背表紙の下辺の定位置に貼付されているのです。図書館目録に収録されている請求記号のデータが「住所録」だとすれば，背表紙に貼付されているラベル上の請求記号は「住居表示」の意味合いをもち，両者の突き合わせによって資料の探索を果たすことができます。

　分類記号は所在場所を指し示すと同時に，資料のもつ主題をも表現しています。図書館の資料は主題に対して分類記号が割り振られており，そのうえで『日本十進分類法』の0類から9類へと一元的に配架されているので，分類体系の階層構造が書架上に反映されていることになります。

15.2. 図書記号

【1】 図書記号は，同一の分類記号をもつ資料群をさらに細分化する記号です。分類記号だけでは資料の「住居表示」が一意に（ただ一通りに）決まらない場合に，図書記号で位置決めをします。

【2】 図書記号は，①受け入れた順で記号化する（受入順記号），②出版された年の順に記号化する（年代記号），③著者の名前を記号化する（著者記号），といった方法で求めます。もっとも広く用いられているのは，著者の名前を記号化する著者記号の方法です。

【3】　著者記号の方法には，さらに，①頭文字方式と，②著者記号表方式，とがあります。

　前者の頭文字方式にもバリエーションがみとめられます。著者名の姓をカタカナもしくはローマ字で表記し頭文字1文字を取って著者記号とする，あるいは姓の頭文字を続けて2文字取る，または姓と名から1文字ずつ取ってきて組み合わせるなどです。

　後者の著者記号表方式は，著者記号があらかじめ設定されている一覧表（著者記号表）を用いて著者記号を決めるものです。日本の代表的な著者記号表は，森清の編纂による『日本著者記号表』改訂版（日本図書館協会，1974年）です。

　著者記号の対象となる著者には，個人の著者，個人の原作者（外国人の場合は原綴りにしたがう），2人の著者のうち第一著者，個人の編者などが相当します。3人以上の著者・編者や団体著者の場合のように，人数が多いので一人ひとりの著作への関与の度合いが低いと判断されれば，タイトルの文字列を対象にして著者記号を付与します。

15.3. 補助記号

【1】　補助記号は，同一の分類記号で，しかも同一の図書記号の資料群を　さらに細分化する記号です。分類記号に図書記号を加えても資料の「住居表示」が一意に決まらない場合に，補助記号によって位置決めをします。

【2】　補助記号は，①多冊ものやセットものの場合に，分冊の順序を示す巻次にしたがって記号化する（巻次記号），②複本の場合に，受け入れの順で記号化する（複本記号），③版が改まっている場合に，版次にしたがって記号化する（版次記号），④同一の著者が複数の著作をもつ場合に，それぞれの著作の受け入れの順で記号化する（著作記号），といった方法で求めます。

【3】　請求記号を印字するラベルは，三段に分かれたものが一般的で，上段に分類記号，中段に図書記号，下段に補助記号をしるしています。ただ，近年では，補助記号の段を省略し分類記号と図書記号のみの二段のラベルや，分類記号と図書記号を横一列に収めた一段のラベルなどもあります。段枠の上下が狭くなってきているのは，縦長のラベルを貼ることで，背表紙にある著者名などの表示が隠れてしまうのを嫌うからです。

【4】　セットものの場合，配架には二つの方法があります。一つは，総合タイトルで束ねられる全体に分類記号を与えて，全巻まとめて配架する「一括分類」の方法です。もう一つは，分冊刊行される各巻に分類記号を付与して，それぞれの巻をばらばらに配架する「分散分類」の方法です。

一括分類か分散分類かの判断は，各巻の主題の総和が総合タイトルにふさわしいものならば一括分類，各巻の内容上の独立性がより高ければ分散分類とします。なお，一括分類の場合の著者記号は，総合タイトルの文字列を対象に付与します。

多冊ものやセットものについての詳細は，宮沢厚雄著『目録法キイノート』（樹村房，2016年）の，第9章「書誌単位(1)」を参照してください。

15.4. 別置記号

【1】 別置記号は，ある資料群を分類記号の一元的な配架とは別扱いにして，特定の一か所にまとめよと指示する記号です。このような別置の措置は，利用上の利便性，形態上の特殊性，管理面の必要性などから判断されます。よって，別置記号は（請求記号のなかで）分類記号よりも優先して効力をもちます。

【2】 別置記号は，①記号化する方式と，②印付けする方式とがあります。

前者の記号化する方式は，ローマ字1文字や漢字1文字を別置記号として，分類記号の直前に置くものです。たとえば，参考図書（Reference Book）を「R」，大型本（Large Book）を「L」，あるいは貴重書を「貴」，書庫内資料を「庫」などと決めて，ラベル1段目の冒頭，すなわち分類記号の直前に置きます。

後者の印付けする方式は，ラベルの囲み枠の色を変えたり，ラベルじたいにマーキングしたりして別置であることを示します。あるいは，別置記号を図案化したシールをラベルの上部に貼付することもあり，参考図書の「参考」の文字を円形のなかに収めたシールが貼ってある例などが見受けられます。

請求記号の運用は，それぞれの図書館の慣習によるところが大きく，個別の事情も勘案されて独特なものとなっていますが，そのなかでも別置記号は図書館独自の記号化がとりわけ目立ちます。

■

15 演習問題 請求記号　所蔵事項としての分類記号

問い1 正しい記述をすべて選び，冒頭の数字を〇印で囲め。

1　ベストセラーを複本で15冊購入すれば，それらの本にはすべて 同一の分類記号が与えられる。

2　同じ主題をもつと判断された，著者の異なる３冊の本，同一の分類記号を与えることになるが，原則として配架の順序は問わない。

3　ひとりの作家の個人全集，各巻に個別のタイトルがなければ，それらの本にはすべて同一の分類記号が与えられる。

4　利用者の便宜を考えて参考図書をひとまとめに別置するとき，それらの本にはすべて同一の分類記号が与えられる。

5　請求記号がラベルに印字され，背表紙に貼付されて資料が配架されれば，その書架上の位置は固定され資料は移動することはない。

問い2 請求記号を与えよ。図書記号は次ページの著者記号表で付与のこと。

①諸富信哉著　　　②京本まきゑ著　　　③マイク＝スペンサー著　浜田一成訳
（もろとみのぶや）　　（きょうもと）　　　（Mike Spencer）　　（はまだかずなり）

『指話通訳』　　　『リップリーディング』　『伝わる手話：聴覚障害者と心がふれあう』

④三島由紀夫著　　　⑤三島由紀夫著　　　⑥三島由紀夫・稲垣足穂・森茉莉・堀辰雄・

『仮面の告白』(上巻)　『仮面の告白』(下巻)　久生十蘭・横溝正史著『はかなき物語』

＊三島由紀夫（1925-1970）
（みしまゆきお）

⑦橋本 誠 著『語源』　⑧橋本 誠 著『語源』
（はしもとまこと）　　（はしもとまこと）

（現代言語学講座 第２巻）　（現代言語学講座 第２巻）

＊分散分類による　　　＊一括分類による

＊「現代言語学講座」全５巻
（長谷富輝・松本宏・橋田元・
阿部桂・津田隆・下柳幸一監修）
第１巻『音声』（景山太郎著），
第２巻『語源』（橋本誠著），
第３巻『辞典』（西光義弘著），
第４巻『語彙』（稲田明著），
第５巻『文法』（塗師省三著）

『日本著者記号表』改訂版（部分）

G~H
NIPPON AUTHOR MARKS

G		Gi		Got	
G	11 H	Gi	41 Hat	Got	71 Hiro
Gad	12 Hag	Gib	42 Hatan	Goto	72 Hiros
Gag	13 Hagi	Gifu	43 Hatt	Gou	73 Hiroshi
Gai	14 Hagiw	Gil	44 Hatto	Goun	74 Hirot
Gaim	15 Hai	Gill	45 Hau	Gr	75 Hirotsu
Gak	16 Haj	Gin	46 Hay	Grah	76 His
Gal	17 Hak	Gio	47 Hayam	Gran	77 Hit
Gam	18 Hako	Gl	48 Hayashi	Grat	78 Hiu
Gan	19 Haku	Gle	49 Hayat	Gray	79 Hiy
Gar	21 Hal	Gli			
Gard	22 Ham	Glo			
Garn	23 Hamag	Glu			
Garr	24 Hamam	Go			
Gas	25 Haman	God			
Gat	26 Hamas	Goe			
Gau	27 Han	Gog			
Gaw	28 Hanao	Goi			
Gay	29 Hand	Gok			
Ge	31 Har	Gold			
Gei	32 Harad	Gom			
Gel	33 Hari	Gon			
Gen	34 Haru	Goo			
Geo	35 Has	Good			
Ger	36 Haseg	Goog			
Gert	37 Hash	Gor			
Ges	38 Hashim	Gorm			
Geu	39 Hasu	Gos			

Mi~Mo
NIPPON AUTHOR MARKS

Mi		Mine		Miy	
Mi	11 Mo	Mine	41 Mor	Miy	71 Moriw
Mib	12 Moc	Mineg	42 Mord	Miyag	72 Moriy
Mic	13 Mod	Mineo	43 More	Miyagi	73 Moriyam
Mid	14 Moe	Miney	44 Morg	Miyai	74 Moriz
Mie	15 Mof	Mino	45 Mori	Miyaj	75 Moro
Mig	16 Mog	Minod	46 Moribe	Miyak	76 Moroi
Mih	17 Moh	Minou	47 Morie	Miyam	77 Moroo
Mii	18 Moi	Mio	48 Morig	Miyamu	78 Morr
Mij	19 Moj	Mir	49 Morii	Miyan	79 Mort
Mik	21 Mok	Mis	51 Morik	Miyao	81 Mos
Mikaw	22 Mol	Mise	52 Moriki	Miyas	82 Mot
Mike	23 Moll	Mish	53 Moriko	Miyash	83 Motod
Miki	24 Mom	Mist	54 Morim	Miyat	84 Motoi
Miko	25 Momo	Misu	55 Morimo	Miyatak	85 Motok
Mil	26 Momon	Mit	56 Morimu	Miyau	86 Motom
Mill	27 Momos	Mitaj	57 M		
Milm	28 Momos	Mitam	58 M		
Milt	29 Momoy	Mitao	59 M		
Mim	31 Mon	Mite	61 M		
Mimas	32 Monc	Mito	62 M		
Mimi	33 Mone	Mitsu	63 M		
Mimu	34 Monn	Mitsui	64 M		
Min	35 Mono	Mitsum	65 M		
Minag	36 Monr	Mitsun	66 M		
Minam	37 Mont	Miu	67 M		
Minamo	38 Monte	Miw	68 M		
Minat	39 Moo	Miwad	69 M		

I 数字
NIPPON AUTHOR MARKS

Kl		Ky		Si	
Kl	1 St	Ky	1 Th	Si	1 Tu
Klau	2 Stan	Kyod	2 The	Sie	2 Tuck
Kle	3 Ste	Kyog	3 Theo	Sig	3 Tud
Klei	4 Sten	Kyoi	4 Thi	Sil	4 Tul
Kles	5 Step	Kyom	5 Tho	Sim	5 Tuln
Kli	6 Sti	Kyot	6 Thomp	Simo	6 Tur
Klo	7 Sto	Kyoy	7 Thoms	Simp	7 Turn
Klos	8 Str	Kyu	8 Thor	Sin	8 Turr
Klu	9 Stu	Kyush	9 Thu	Sir	9 Tus
Kn	1 Sw	Q	1 Ti	Sm	1 Ty
Kne	2 Swan	Quat	2 Tie	Smar	2 Tye
Kni	3 Swar	Que	3 Til	Sme	3 Tyl
Kno	4 Swe	Quer	4 Till	Smi	4 Tyle
Know	5 Swet	Ques	5 Tim	Smith	5 Tyn
Knox	6 Swi	Qui	6 Tir	Smiths	6 Tyn
Knu	7 Swift	Quin	7 Tis	Smo	7 Typ
Knut	8 Swin	Quir	8 Tit	Smu	8 Tyr
	9 Swint	Quo	9 Titu	Smy	9 Tyt
Kr	1 Sy	Sc	1 Tr	Sp	1 Z
Krat	2 Syd	Sche	2 Tras	Span	2 Ze
Kre	3 Syl	Schi	3 Tre	Spe	3 Zen
Kren	4 Sym	Schl	4 Trem	Spen	4 Zi
Kri	5 Symm	Schm	5 Tri	Spi	5 Zo
Kro	6 Syn	Scho	6 Tro	Spo	6 Zu
Kron	7 Syng	Schor	7 Trom	Spr	7 Zum
Kru	8 Syp	Schu	8 Tru	Spri	8 Zus
Krum	9 Syr	Sci	9 Try	Spu	9 Zw

問い3 下線部分の空欄にもっとも適切な語句をしるせ。

１。図書館の目録で資料の所在場所を示す記号を＿＿＿＿＿＿＿＿＿という。名称の由来は，全面閉架の時代に出納窓口でこの記号を示して閉架の資料の閲覧を求めたことによる。

２。資料には，この記号がラベルに印字されて背表紙に貼付される。書架を数える単位を＿＿＿＿＿＿といい，配架はその単位ごとに，向かって左から右へ，上から下へとなされる。

３。この記号は，分類記号・図書記号・補助記号・別置記号で構成されているが，資料の配架の順を決めるとき，まずもって効力をもつのは＿＿＿＿＿＿記号である。

４。図書記号は，受入順・出版年順・著者名などを記号化するが，著者名を記号化するときに用いる『日本著者記号表』は＿＿＿＿＿＿＿＿＿（人名）が編纂したものである。

５。補助記号は，同じ分類記号で同じ図書記号の資料をさらに細分化するための記号で，たとえば，全集ものの場合は＿＿＿＿＿＿＿の数字を付与する。

問い4 分類記号は，すべての図書館で一意に決まるものではない。その理由として当てはまるものをすべて選び，冒頭の数字を〇印で囲め。

１　資料に対して主題分析を行なうとき，主題を一つのキーワードに結実させる段階で担当図書館員の主観が混入してしまうため。

２　主題分析で得たキーワードを，『日本十進分類法』を用いて分類記号に置き換えるさいに，担当図書館員の判断が混入してしまうため。

３　分類記号の選択にさいして，本表では原則として用いることのない別法を，当該図書館の事情により選択していることがあるため。

４　蔵書構成や対象利用者などの事情により，同じカテゴリに属する上位の概念を採択して，分類記号の桁数を短縮することがあるため。

５　分類記号を背表紙のラベルの枠内に収まるように印字するという実務上の理由から，本表の分類記号に補助表の分類記号を合成するのを控えるため。

問い5 下記の分類対象（被区分体）について，「分ける」原理にもとづき分類表を作成せよ。区分原理を頭のなかに描き，実地に分類項目（区分肢）を設定して体系化すること。

> ジュース，しょうゆ，牛肉，にんじん，とうふ，日本酒，なす，リンゴ

■

［分類法キイノート第3版補訂・大尾］